나를
외면하는

내면의
속삭임

나를
외면하는

내면의
속삭임

신유진 옮김

요헨 파이힐의
심리학 강의

인터하우스

옮긴이의 글

이 책은 우리 마음속에 살고 있는 내면의 비판자란 무엇인지, 이들의 유형에는 어떤 것이 있는지, 그리고 언제 우리 마음속에 들어오게 되었으며 어떤 역할을 하는지에 대해서 설명하고 있다.

내면의 비판자는 우리 마음속에서 우리를 끊임없이 비난하고 압박하는 우리 자아의 일부이다. 저자 요헨 파이힐은 우리의 자아가 하나의 단일한 완성체로 존재하는 것이 아니라 여러 개의 부분자아로 이루어져 있다는 관점을 견지하고 있다. 우리 마음속에는 우리의 마음을 무겁게 하는 내면의 비판자와 그에 맞서 우리를 지켜주려고 하는 내부 변호인단, 그리고 어른자아와 아이자아 등이 함께 살아가고 있다. 저자는 이들의 역할과 개성이 각기 다 다르다고 할지라도 결국 그들 모두 우리를 보호하려는 선의를 품고 있다고 강조하고 있다.

나는 이 책을 번역하면서 내의 마음속에 살고 있는 비판자들의 존재에 대해서 알게 되었다. 그리고 이 책에서 제안하는 대로 그들을 다른 관점에서 바라보려고 노력하고 그들이 하는 말에 귀 기울여보았다. 내 내면의 비판자들은 정말 모두가 할 말이 많은 듯했다. 예전 같으면 그들의 말에 휩쓸려서 좋지 않은 기분에서 헤어나오기 어려웠을 텐데 지금은 '아, 내 안의 완벽주의자가 나를 걱정해서 이렇게 말하는구나!' 하고 생각할 수 있게 되었다. 물론, 지금 이 순간에도 끊임없이 여러 내면의 비판자들이 다른 목소리를 제각각 내고 있고, 내가 내 마음속의 여러 부분자아들을 평화롭게 지켜주기 어려울 때도 있지만, 지금은 최소한 내가 어떤 상태인지 '알아차리는' 단계까지는 온 듯하다.

이 책은 마음의 상처를 안고 살아가는 사람들을 위한 처방전과 같다는 생각이 든다. 분량이 많지 않고 어렵지도 않지만 혹시 시간이 없는 독자들이 있다면 책의 뒷부분만이라도 읽어보면 큰 도움을 얻을 수 있을 것이라는 생각이 든다.

대부분의 사람은 각자의 마음속에 상처받은 아이, 내면 아이를 안고 살아간다. 몇 년 전에 참석했던 어느 심리학 관련 모임에서 '내면 아이 치료'에 관한 강의를 들은 적이 있다. 내 마음속에도 상처받은 내면 아이가 살고 있다. 이 책을 번역하면서 나는 내 안의 부분자아인 상처받은 내면 아이를 꼭 안고 달래주었다. 나는 "네 탓이 아니야, 네 탓이 아니야."라고 다정하게 말해주었다. 나의 내면 아이는 몇 년 전이나 지금이나 상처를 그대로 간직하고 있지만 그래도 이렇게 안아주고 달래주고 사랑해주는 작업을 통해서 그 상처가 점점 아물어가는 것을 느낄 수 있었다.

나는 우리 모두가 우리 마음속의 부분자아들과 평화롭게 생활하며 지금 이 순간을 행복하게 살았으면 좋겠다.

끝으로 시 한 편을 적음으로써 후기를 마치고자 한다.

인생을
꼭 이해해야 할 필요는 없는 것이다.
그냥 내버려두면 축제가 될 것이다.
길을 걸어가는 아이가
바람이 불 때마다 날려 오는
꽃잎들의 선물을 받아들이듯

하루하루가 네게 그렇게 되도록 하라.

꽃잎들을 모아 간직해 두는 일 따위에

아이는 아랑곳지 않는다.

제 머리카락 속으로 기꺼이 날아 들어온

꽃잎들은 아이는 살며시 떼어 내고

사랑스러운 젊은 시절을 향해

더욱 새로운 꽃잎을 향해 두 손을 내민다.

—라이너 마리아 릴케, 〈인생〉

2017년 11월

신유진

아버지께 걱정 끼쳐 드리지 말고
어머니께 아픔 안겨 드리지 말자
부모님은 당장 내일이라도
돌아가실 수도 있으므로

사랑하는 사촌 재클린이
　　　－ 내가 모은 시 선집에서 가져온 글

일러두기
1. 한글 전용을 원칙으로 하고 필요한 경우 원어나 한자를 병기했다.
2. 인명, 작품명, 지명 등은 국립국어원의 외래어 표기법을 따랐다.
3. 시·영화 등의 작품명은 홑꺾쇠(〈 〉)로, 단행본·소설은 겹낫표(『 』)로 표시하였다.
4. 독자의 이해를 돕기 위해 편집부에서 삽입한 주석은 [*]로 표시하였다.

들어가며

안녕하세요? 만나서 반가워요. 혹시 이 책을 표지가 마음에 들어서 샀나요? 잘 모르겠다고요? 이 책을 사기 전에 과연 그럴 만한 가치가 있을까 없을까 고민하지는 않았나요? 그렇지는 않았다고요? 이 책을 사기 전에 마음속 깊은 곳에서 이 책 대신에 다른 책을 살 수도 있다는 소리가 들리지는 않았나요? 그러지도 않았어요? 뭐, 어쨌든 좋습니다. 저는 우리가 이 책을 통해 만난 것을 기쁘게 생각합니다. 저는 열심히 안내할 것을 약속합니다. 당신은 우선 그저 따뜻한 차 한 잔과 간식을 들며 이 책을 차분히 읽으면 됩니다. 나중에 당신을 위한 설문지를 소개할 테니, 내키면 작성해보는 것도 좋습니다.

혹시 제가 당신의 생각에 영향을 미칠 수 있다는 사실을 알고 있나요? 잘 모른다고요? 자, 그렇다면 잠시 주의를 기울여주기를 바랍니다.

제가 지금 여러분에게 '당근'이라는 단어를 말했다고 치죠. 이 말을 듣는 순간 머릿속에 어떤 상이 떠오르는 게 느껴지나요? 만일 제가 "마트에서 주황색이 아닌 당근도 판매하나요?"라고 질문한다면 이 실분은 당신과 나 사이를 연결해주는 역할을 하게 됩니다. 다시 말해 이 책은 당신과 저의 생각을 이어주는 **접점** 역할을 합니다.

저는 지금 방 안의 책상 앞에 앉아서 당신이 이 책을 흥미롭게 읽어나갈 수 있도록 당신에게 온전히 집중하고 있습니다. 당신이 이 책을 읽는 것은 제 처지에서 보면 미래에 일어날 일이고, 제가 책상 앞에 앉아서 책을 쓰는 행위는 당신 처지에서 보면 이미 지나간 일일 겁니다. 저는 당신이 이 책을 통해 무엇을 경험하고 배우기를 원할까 하고 생각해봅니다. 제 생각과 느낌과 내적 이미지들과 몸의 감각은 당신이 지금 읽고 있는 이 책 안에서 단어가 되고 문장이 됩니다.

당신이 제 글을 읽는 순간 우리가 만나며, 당신은 이때 무의식적으로 제 생각을 받아들여 아까 말한 주황색 당근의 모습을 머릿속에 떠올리게 되는 것입니다. "파란색 코끼리를 떠올리지 말아요."라고 하면 바로 파란색 코끼리를 떠올리게 되듯이, 저는 여러분 머릿속에 어떤 그림을 주입할 수 있습니다.

당신은 제가 당신에게 일방적으로 영향을 미친다고 생각할 수도 있습니다. 하지만 당신은 저와 완전히 다르게 보고 생각하고 느낄 수도 있습니다. 어떤 경우든 좋습니다. 제 이메일 계정은 kritiker@gmail.com 입니다. 거기로 당신 의견을 보내도 좋고, 제가 당근이라는 개념을 이용해 당신의 사고에 영향을 미쳤듯 같은 방법으로 제게 영향을 주어도 좋습니다.

이 책을 통해 저는 당신의 마음을 괴롭히고 생각을 지배하는 요소들을 과연 어떻게 대하는 게 좋은지 조언하려고 합니다. 심리치료사로서의 제 경험에서 얻은 아이디어를 바탕으로, 우리 마음을 괴롭히는 문제를 작은 부분들로 쪼개어 다루고 친절한 미소와 유머로 당신을 대하겠다고 약속합니다.

이를 어떻게 활용할지는 당신에게 달렸습니다. 저는 이 책을 당신이 쉽게 이해할 수 있도록 쓰고자 노력했습니다. 저는 최근 몇 년 사이에 독일에서 매우 유명해진 '개인의 자아가 여러 개의 부분자아로 이루어진다'라는 심리학 개념에 대해 소개하고, 이를 통해서 당신이 자신을 이해하는 데에 도움을 받을 수 있도록 안내하겠습니다. 저는 당신을 방송국 방청석의 맨 앞줄에 혼자 앉은 방청객으로 가정하고 '개인강의'를 할 것입니다.

제가 여기서 다루려는 내용은 이미 **이 책의 제목에도 나와 있듯이** 당신과 저의 내면에 있는 비판하는 자, 잘못을 지적하는 자, 잘난 척하는 자, 그리고 모든 것을 방해하는 자에 관한 것입니다. 이들은 우리가 어렸을 때부터 우리와 함께 있었으며, 우리가 성인이 된 지금도 우리에게 영향을 미치고 있습니다. 이들은 어느 때는 친절해서 우리가 곤경에 빠지는 일을 미연에 방지해주기도 하지만, 또 어느 때는 못돼서 우리의 자존감을 해치기도 합니다.

저는 우리를 괴롭히는 내면의 존재들을 바라보는 새로운 관점을 제안하고, 어떻게 하면 당신이 이들을 제대로 다루고 이들의 숨겨진 힘을 적절히 이용할 수 있는지를 설명할 것입니다. 저의 심리치료학적 관점에서 나오는 신조는 다음과 같습니다. "우리 내면의 성가신 비판자들을 우리의 든든한 후원자로 만들자."

자, 이제 시작해볼까요?

미리 알립니다

저는 이 책에서 양성 평등이라는 맥락에서 명사의 성을 구별한 단어의 어미변화를 따로 표시하지 않겠습니다[*원서에 사용된 독일어는 성이나 수, 격에 따라 관사/정관사, 동사, 형용사, 명사에서 어미변화가 일어난다]. 제가 쓰는 내용의 대부분은 여성과 남성 모두를 지칭합니다. 이런! 제가 마지막 단어를 쓰자마자 제 안에서는 다음과 같은 소리가 들리는군요. "그렇게 했다가는 페미니스트적인 시각을 지닌 사람을 화나게 할 테니까 그러면 안 돼." 그리고 제 내면의 완벽주의자는 "책의 내용은 완벽한 형식을 유지해야 하고 어떠한 비판의 여지도 주어서는 안 돼."라고 말하는군요. 과연 누가 이길까요? 결국 또 다른 이가 가수 프랭크 시나트라의 목소리를 빌려 "난 내 방식대로 살 거야! do it my way."[*프랭크 시나트라가 부른 노래인 〈마이웨이〉에 나오는 "I did it my way."라는 가사의 패러디다]라고 말하면서 논란을 종결짓는군요.

Contents

나를 외면하는
내면의 속삭임

요헨 파이힐의 심리학 강의

1장

✥

우리 내면의 다양한 모습들

『**나를 외면하는 내면의 속삭임**』. 당신은 이 제목을 보고 호기심을 느꼈을 것이다. 정확히 말해 당신에게 뭔가 도움이 될 거라는 생각에 이 책을 골랐을 것이다. 이 책은 우리 안에서 우리를 끊임없이 비난하는 성가신 목소리에 대해 다루고 있다. 당신은 당신 내면에서 당신이 저지른 실수를 지적하고 흥을 깨는 자가 있음을 알고 있다고 말할 것 같다.

　오해가 없도록 미리 밝혀두자면, 우리 안의 성가신 목소리는 우리가 살면서 맞닥뜨리는 문제들에 대해 현실적인 결정을 내릴 수 있도록 도움을 주는 자기회의나 직감, 그리고 아주 건전한 자기비판과는 아무런 관련이 없다. 곧, 우리 내면의 성가신 목소리란 언제나 우리를 비난하고 깎아내리며 스스로를 그저 무식하고 부끄럽고 매력 없는 존재로 여기게 하는 목소리다.

우리 머릿속에서 울리는 이 소리는 제각기 다른 소리를 낸다. 때로는 크고 거칠게 소리치거나, 때로는 나지막하고 부드럽게 속삭인다. 대개는 우리 신경을 거슬리게 하는 소리다. 우리 내면에서 들리는 비판적인 목소리는 틈만 나면 우리 약점이나 실수, 실패를 붙들고 늘어지려고 준비하고 있을지도 모른다.

잠시 지난주에 겪었던 어려운 일들을 떠올려보며 다음 질문에 대답해보기를 바란다. 그때 내면의 비판자는 뭐라고 말하던가? 그 말들은 내게 도움이 될 만한 것이었는가 아니면 그저 냉정한 비난에 그치는 것이었는가? 내 머릿속에 도사린 그 존재는 내게 뭐라고 장황하게 늘어놓던가?

이 질문에 답하려면 아래에 늘어놓은 말들을 보라. 우리 내면의 비판자는 이런 말들을 이용해서 우리의 건전한 자의식을 예리하게 후벼 판다.

"넌 아무짝에도 쓸모가 없어.", "넌 절대 성공하지 못할 거야.", "너는 항상 사람을 짜증 나게 해.", "넌 정말 못됐어.", "너는 잘하는 게 없어.", "뚱뚱이.", "말라깽이.", "넌 구제불능이야.", "너는 정말 서툴러.", "어차피 안 될 게 뻔하니까 시도조차 하지 마.", "멍청이.", "똥개.", "누가 아프면 다 네 탓이야", "너는 그 일의 적임자가 아니야", "너는 끔찍해", "미친년", "너 때문에 다른 사람들이 슬퍼해", "너는 항상 말도 안 되는 이야기만 해", "중간에 말 끊지 마", "잘난 척하기는", "그냥 놔둬. 네가 관여하면 다 망치니까", "너라는 존재가 부끄러워", "어쩌면 그렇게 멍청할 수 있니?", "겁쟁이", "허영 부리지 마", "너는 왜 이상하게 행동하니?", "좀 더 어른스럽게 행동해", "너는 못됐어", "너는 너희 집안의 돌연변이야", "너는 실패할 거야", "너는 스스로를 망신시키고 있어", "네가 손대는 것은 모두 망가져", "너는 미숙해", "모든 게 다 네 탓이야", "너는 언제나 모든 일을 망쳐", "너는 모두에게 해를 끼쳐", "너는 게을러", "넌 영원한 실패자야" 등등(출처: http://www.stille-wasser-in-kassel.de/stille-wasser/materialien/der-innere-kritiker.html).

이 중에서 어떤 말이 가슴을 가장 아프게 찌르는가? 놀랍게도 우리를 위축시키는 말들은 이처럼 다양하다. 이러한 말들은 한순간에 우리가 완전히 낙담하게끔 한다.

이쯤에서 우리는 우리 내면의 비판자가 마치 주인인 양 행세하면서 우리가 누구이고 어떤 존재가 되어야 하며, 어떤 행동은 해도 되고 어떤 행동은 하면 안 되는지, 무엇을 할 수 있고 무엇을 할 수 없는지, 이러한 중요한 내용을 제멋대로 규정하는 건 아닌가 하고 의심하게 된다. 어쩌면 그 존재는 우리가 슈퍼맨이나 슈퍼우먼처럼 모든 문제를 척척 해결하고 어려움을 거뜬히 헤쳐나가 멋진 성과를 내기를 바라는 건 아닐까? 설령 그가 우리 귀에 대고 앞의 말처럼 나쁜 말을 속삭이지 않았더라도 우리 의식 한구석에는 그의 말이 혹시 옳을지도 모른다는 불안감이 도사리고 있다.

우리 내면의 비판자는 우리와 의논하지도 않고 우리를 칭찬하지도 않는다. 그는 자만심으로 똘똘 뭉쳐 늘 자기주장만을 관철하려고 하는 아주 나쁜 존재다. 만약 직장 동료가 이런 유형이라면 애초에 상대의 행동을 묵살해버리거나, 그렇게 하기가 여의치 않을 때에는 차라리 딴 데로 직장을 옮기는 편이 정신건강에 좋을 것이다. 이런 방법으로 우리 내면의 비판자를 따돌릴 수만 있다면 좋겠지만 그건 실제로는 불가능한 일이다. 그는 우리 뇌 속에서 우리와 함께 살고 있으며, 지금껏 그의 존재를 완전히 추방해버렸다는 사례는 듣지 못했다.

그렇다면 그는 어떻게 해서 우리 안에 들어오게 되었고, 어떻게 우리의 도덕이나 규범에 영향을 끼치며 자기 뜻에 순순히 따르게 했을까? 이를 살펴보기 전에 먼저 심리치료에 관한 연구 결과를 하나 소개고자 한다. 그 연구에 따르면 우리가 내부의 목소리에 인격을 부여하는 행위, 곧 마치 어떤 **사람**이나 **존재**가 우리 내부에서 말하고 있다고 생각하는 것은 우리 마음을 편안하게 해주는 효과가 있다고 한다. 물론 우리 안에는 '작은 인격체'가 따로 있지 않으며, '머릿속에 사는 이'가 실제로 존재하는 것도 아니다. 하지만 우리 내부의 삶은 어찌 보면 우리가 지닌 다양한 성격들이 자신의 배역을 연기하는 배우들로 등장하는 단순한 연극 무대와 같다고 상상해볼 수 있을 것이다. 이것은 자아치료의 바탕을 이룬다.

'내면의 비판자' 또는 '트집쟁이'라는 말을 듣고 당신은 그들이 무대 위에서 어떤 모습으로 나타나게 되는지를 곧바로 떠올릴 수 있을 것이다. 그렇다면 당신 머릿속에서 계속해서 들리는 "~해야 한다."라는 말들과 부담스러운 가치판단의 말들은 정확히 어떤 내용들인가?

이 질문의 답을 얻는 데에 도움이 되라고 책 뒤쪽에 부록 '당신 내면의 비판자들'을 붙여두었다. 이 책을 읽어나가기 전에 먼저 그 설문지를 작성해보는 게 한결 도움이 될 것이다.

당신이 볼펜이나 연필을 준비하여 설문지를 작성하는 동안, 나는 잠시 쉬면서 호흡을 가다듬겠다.

자, 다시 여기로 돌아왔는가? 그렇다면 이제 함께 여정을 떠나보자.

2장

내 안에 있는 비판자들의 유형

자, 이제 당신은 당신 내면에서 군림하는 존재들이 어떤 이들인지, 그리고 또 당신이 상대해야 하는 이들을 뭐라고 부르는지 알게 되었다. 나는 우리 내면을 괴롭히는 이들을 '군림하는 존재들'이라고 표현하는 것이 아주 적절하다고 생각한다.

왜냐하면 이들은 자신들이 아주 특별하고 우리에게 무엇이 좋은지를 우리 자신보다 훨씬 더 잘 알고 있으며 언제나 우리보다 한 발짝 앞서 있다는 것을 보여주고 싶어 한다는 인상을 주기 때문이다. 사람들 대부분은 다양한 종류의 비판자들을 자기 내면에 지니고 있다. 그리고 내면의 비판자들은 저마다 다른 동기로 움직이고 서로 다른 전략을 사용하여 우리의 개인적인 행동을 조정하고 간섭하려고 한다.

우리가 우리 안에다 일종의 감독기관을 두는 셈인데, 이 기관은 우리 행동을 지켜보면서 우리가 좋은 사람으로 살게끔 행동을 주의시키기도 하고, 때로는 옷에 묻은 아주 조그마한 얼룩을 지적하기도 한다.

"사람은 믿을 수 없는 존재라서 통제하는 편이 더 좋다."라고 말하는 이 내면의 비판자들에게는 어떤 유형이 있을까? 나는 그들의 유형을 하나하나 자세히 알아보는 게 매우 흥미로우면서도 유익한 일이라고 확신한다. 앞으로 이들을 차례차례 소개할 예정이니, 당신은 그저 편안한 마음으로 따라오면 된다.

나는 이제 내면의 비판자들을 차례차례 무대 위로 불러내어 각자가 맡은 역할과 기능과 의도에 대해 우리에게 설명해달라고 부탁하려고 한다. 내면의 비판자들이 원한다면 그들의 평소 모습을 있는 그대로 드러내는 말이나 행동을 하게끔 할 예정이다. 이때 당신은 당신의 내면에서도 그들의 모습을 발견할 수 있는지를 알아보면 될 것이다. 이어서 각각의 장점과 단점을 소개할 테니 이를 잘 기억해 두기 바란다.

우선 용의자들을 나란히 용의선상에 세워두는 것으로 시작하자. 당신은 잘 보호된 일방투시 거울을 통해 그들을 살펴보라. 내가 당신 곁을 지킬 것이다. 하지만 당신도 내면의 비판자들로부터 일정한 거리를 유지해야 한다는 점을 잊지 말아야 한다.

통제자

자, 이제 통제자가 무대 위에 올랐다. 그는 팔짱을 낀 채 사무적인 말투로 말한다. 처음에는 매력적으로 보이기도 하지만 곧 그의 속셈을 알아차릴 수 있다. 그는 언제나 냉정함을 유지하는 것을 최우선으로 생각한다. '강해져라' 씨는 "너는 언제나 강해야 하고 공격받아서는 안 돼!"를 신조로 삼았다. 모든 행동을 일일이 다 통제하는 것뿐만 아니라 감정 또한 엄격하게 통제한다. 언제나 냉정을 유지하려고 하고 감정의 변화를 절대로 내보이지 않으려고 한다. 내면에서 "강해져라."라고 말하는 이는 우리에게 "사내는 울지 않는다." 또는 "징징거리지 마."라며 우리가 자발적이고 결단력 있고 권위적으로 행동하기를 바란다. 그러나 이렇듯 영웅처럼 행동하고 모범이 되려는 마음은 우리를 외롭게 하고 우리 내면의 약한 모습들을 무시해버린다는 부작용을 낳는다.

통제자의 역할은 우리를 부끄러움과 걱정으로부터 보호하는 것이다. 이러한 감정은 우리가 아직 미숙하고 행동을 통제하는 것을 처음으로 배우기 시작했던 아주 어렸을 때부터 익히 알고 있는 감정이다. 통제자는 모든 것을 정확하게 파악하고 철저히 통제하기 위한 단서를 찾아주는, 일종의 '돋보기' 같은 도구를 사용한다.

통제자가 좋아하는 물건은 어떤 일을 어떻게 처리할 것인가를 적은 규칙 목록과 업무 지침이다. 이를 통해 권위를 최대한 확보하려고 하고 부끄러운 일을 당하지 않도록 어떻게든 미연에 방지하려고 한다. 만일 우리를 바이오컴퓨터라고 가정한다면, 통제자는 제어 시스템과 규칙을 관장하는 부분의 관리자 자리를 맡아 우리가 어떻게 살아야 하는지를 명령할 것이다.

"너 자신을 통제해라."라고 주문하는 통제자는 우리를 압박한다. 왜냐하면 그의 관심사는 오직 투쟁과 통제와 지배와 복종뿐인데, 이것들은 우리 내면에 있는 다른 비판자들의 불신과 불안감을 자극하여 경계심과 반항심을 일으키고, 그 때문에 통제자는 살아남으려고 통제를 더욱더 강화한다. 이러한 악순환은 심해질 수 있다.

완벽주의자

완벽주의자는 어떤 일을 하든 만족하는 법이 없다. 끊임없이 무결점을 추구하며 최상의 성과를 내려고 노력한다. 완벽주의자가 최상의 성과를 내는 데에 필요한 것은 성실성과 치밀한 계획, 그리고 모든 사물을 다양한 각도에서 바라보는 시야다. 이러한 사람에게는 아무런 고민 없이 바로 우리 두뇌의 '안전본부'를 믿고 맡길 수 있다. 완벽주의자의 역할은 우리가 삶의 위험요인을 피할 수 있게 하여 우리를 실수와 죄책감으로부터 보호하는 일이다. 그의 신조는 "제발 아무런 실수도 하지 마."이며 그의 주목적은 우리가 영원히 무결점 상태로 있도록 자극하는 것이다.

완벽주의자는 평정심을 유지하고 이성적이며 생각에 잠긴 채 감정을 드러내지 않는 모습으로 무대 위에 서 있다. 완벽주의자의 몸짓을 꼼꼼히 살펴보면 유난히 손가락을 많이 사용한다는 점을 알 수 있다. 중요한 사항들을 나열하려고 하나, 둘, 셋 하는 방식으로 손가락을 세는 것이다. 그리고 또 무언가를 지적하거나 자신이 하는 일이 복잡하다는 것을 강조하는 데에도 손가락을 자주 사용한다. 완벽주의자는 말을 할 때면 흔히 예민하거나 무게를 잡는다. 그리고 세부적인 내용들을 시시콜콜하게 모두 말하려다가 결국 핵심을 놓치는 때도 있다. 완벽주의자의 모습은 결벽증이 있는 사람을 똑 닮았다. 그게 어떤 모습인지 감이 잘 오지 않는다면 잭 니콜슨Jack Nicholson이 주연한 〈이보다 더 좋을 수는 없다〉라는 영화를 보라. 쉽게 알 수 있을 것이다.

완벽주의자는 "너는 완벽해야 해." 바꾸어 말하면, "아무런 결점도 없어야만 해."라고 즐겨 말한다. 이 말을 심리학적인 측면에서 살펴보면, 완벽하지 않은 사람은 정상이 아니라는 뜻이 된다. 다시 말해 완벽하지 않은 사람은 어딘가 부족하고 부끄러운 존재라는 것이다.

이제 완벽주의자가 주도권을 잡고 우리의 사회생활에 관여하고 우리의 모든 행동을 통제하고 절대적인 완벽을 추구해서 최상의 성과를 내도록 다그친다고 가정해보자. 이런 완벽주의자를 상대방이 좋아할지는 모르겠다. 완벽주의자는 언제나 모든 일을 항상 완벽하게 처리하고 모든 일을 사전에 미리 생각하고 통제한다는 인상을 준다. 이때 상대는 자신이 완벽주의자와 비교하면 모자란 존재이며 완벽주의자에게 아무런 도움이 되지 못한다고 생각하게 된다. 그래서 결국 자신을 불필요한 존재로 여기고 떠나버린다. 그리고 이때 어떤 모순이 발생하게 된다. 완벽주의자는 더 많은 인정을 받고자 했던 것인데 상대가 떠나버리므로 결국 자신이 파놓은 함정에 빠져 아무런 인정도 받지 못하게 되는 것이다.

이에 관한 예를 하나 들어보겠다. 페터라는 사람은 스스로를 하찮게 여겼으며 다른 사람들이 자신에 대해 아무런 관심이 없을 것으로 믿었다. 페터는 다음과 같이 자신의 내면에서 끊임없이 속삭이는 소리를 들었다. "너는 조금의 실수도 하지 않아야만 다른 이들에게서 존경과 사랑을 받을 수 있어." 페터는 언제나 내면의 규범을 따르려고 무척이나 애쓰고 결국 점점 더 완벽에 가까이 다가갔다. 그러나 친구들과의 관계에서는 아무런 성과를 보지 못했다. 결국, 자신이 한 일에 대해 인정받으려는 욕구는 직장의 일에 대해서는 충족되었으나 친밀한 사람들 사이에서는 충족되지 못했다. 함께 있을 때마다 항상 "나는 모자란 사람이고 상대방에게 아무런 도움이 안 돼."라는 기분이 들게 하는 사람과 친하게 지내고 싶은 사람이 과연 누가 있을까? 페터의 경우, 그의 완벽주의는 그를 더욱더 외롭게 했고 사람들로부터 소외시켰다. 이 문제를 해결하고자 페터는 더욱더 완벽주의를 추구했고 결국 악순환에 빠져들게 되었다.

닦달하는 자

영미권에서는 닦달하는 자를 두고 사람들을 다그친다는 뜻으로 'People Pusher'라고 일컫는다. 닦달하는 자는 일을 서둘러서 해야 하며 나 자신을 위한 시공간적 여유를 두지 않고 내달려야만 인생에서 **근본적인 것**들을 놓치지 않을 거라고 충고한다.

그에게는 "아무것도 놓치지 않으려면 서둘러야만 해."라는 사고가 모든 행동의 기준이 되며 이때 인생은 곧 100미터 달리기 경주와 같다. '닦달하는 자'라고 하면 채찍과 확성기를 쉽게 떠올리게 된다. 이번에 우리 앞의 무대 위에 오른 사람은 모든 것을 서두르는 사람이다. 그는 모든 일을 빨리빨리 해치우며 수많은 일을 동시에 진행한다. 일의 결과 따위는 안중에도 없다. 그는 그저 모든 일을 빨리 해냈다는 것에 대한 자부심만 가득한 사람이다. 그리고 어떤 일을 재빨리 해치우고 나서 그는 곧바로 다른 일을 향해 돌진한다. 그는 어떻게든 열등감을 느끼지 않으려고 그저 부지런하고 빠르게 행동한다.

'서둘러' 씨가 가장 좋아하는 말은 "서둘러야 해. 그래야 더 많은 것을 성취할 수 있어!"다. 닦달하는 자에게 우리 두뇌의 사령탑이 지닌 일부 권한을 맡긴다면 업무를 관장하는 부서가 아마 제격일 것이다. 그렇게 되면 그는 우리가 해야 할 일들을 착착 해내도록 할 것이다. 그는 패배감과 열등감, 그리고 아무 일도 하지 않는 것을 두려워한다. 그가 가장 좋아하는 일은 해야 할 일의 목록을 작성하는 일이다.

닦달하는 자를 자세히 관찰해보면 그가 손가락을 마구 움직이고 발을 끌며 여기저기 쳐다본다는 것을 알게 된다. 그는 흥분된 상태로 빠르게 움직이며 시선이 불안정하고 시계를 자주 쳐다본다. 그는 공장의 컨베이어벨트 앞에서 노동자들을 마구 다그치는 화난 관리자를 연상시킨다. 찰리 채플린Charlie Chaplin이 주연한 영화 〈모던 타임즈Modern Times〉의 한 장면을 연상하면 된다. 그 영화에는 공장의 컨베이어벨트가 점점 더 빠른 속도로 움직이고 찰리 채플린은 그 속도에 맞추려고 마치 아무런 생각이 없는 기계처럼 빠르게 물건을 조립하는 장면이 나온다.

남의 눈치를 보는 자

남의 눈치를 보는 사람은 타인의 인정을 받으려는 욕구와 타인한테 거절당하는 것에 대한 두려움 때문에 "아니요."라는 말을 제대로 하지 못하며 타인의 부탁도 거절하지 못한다. 남의 눈치를 보는 자가 가장 많이 하는 말은 "네, 물론입니다!"다. 무대 위에 오른 그에게서 고개를 계속 끄덕이는 모습을 찾아볼 수 있다. 그는 언제나 상대방의 말에 동의한다는 의미로 고개를 끄덕거리며 손은 무언가 간절히 바라는 듯 앞쪽으로 공손히 모은 채 상대방이 마지막으로 한 말을 나지막이 따라서 하는 습관이 있다.

"제가 할게요."라고 말하며 남의 눈치를 보는 자는 정말 다정한 사람이다. 그는 다른 사람들이 원하는 것을 기꺼이 자발적으로 하며, 심지어 다른 사람들에게 당장 필요한 것이 무엇일지 궁리해보기도 한다. 그는 평화를 사랑하며 다툼이나 갈등을 피하는 방식으로 자신을 두려움으로부터 보호한다. 그가 두려워하는 것은 이 세상에서 고립되는 것이다. 그래서 언제나 그는 좋은 기분을 유지하려고 하며 모든 사람을 도와주려고 한다. 그는 타인의 반발을 살 만한 의견을 말하는 것을 꺼린다. 왜냐하면 그것이 갈등이나 다툼으로 이어질까 봐 두렵기 때문이다. "이웃들이 나에 대해 어떻게 생각할까?" 또는 "너는 다른 사람들을 잘 대해줄 때에만 좋은 사람이야." 그가 가장 중요하게 생각하는 것은 바로 이런 것들이다. 남의 눈치를 보는 자 또는 '언제나 친절해라' 씨는 다른 사람들이 그를 좋아한다고 해도 자신이 원하는 존경과 인정을 받지는 못한다. 사랑받는 것과 존경받는 것은 엄연히 다른 일이기 때문이다.

남의 눈치를 보는 자는 그저 모든 일에 다 동의만 하기에 사람들은 그가 어떤 사람인지 잘 모르겠다고 얘기한다. 그래서 그의 존재감이 흐릿하게 느껴지는 경우가 있다. 남의 눈치를 보는 자가 때때로 어떤 이들에게는 아주 가까운 존재로 여겨지기도 한다. 그것은 남의 눈치를 보는 자가 다정하고 친절하기 때문이다. 하지만 누군가가 막상 그와 토론이라도 하려고 하면 그는 그저 "네, 좋아요. 저는 그냥…… 음, 제 말을 이해해주세요."라고 하며 얼버무린다. 그리하여 상대방이 눈치를 보는 자와 그 이상의 관계를 이어나가지 않으려고 멀어지려 하면, 남의 눈치를 보는 자는 더더욱 상대방의 모든 요구를 들어주려고 안달하며 상대방 눈치를 보게 된다.

심판자

이제 무대 위에 오른 사람은 가까이 하기 어렵고 화난 듯한 모습을 하고 있다. 그의 몸짓언어를 보면 다른 사람들을 무시하는 듯하다.

주먹을 꽉 쥔 채 고개는 빳빳이 세우고 어깨는 경직되어 있다. 그러나 무엇보다 인상적인 것은 경멸하는 듯한 시선이다.

그는 다음과 같이 말한다. "너는 아무짝에도 쓸모가 없고 다른 사람들을 실망시켜.", "너를 좋아하는 사람은 아무도 없어.", "너는 못났고 아무런 매력도 없어."

그는 우리의 모든 말과 행동을 관찰하고 우리에게 모든 것을 더 열심히 하라고 권고한다. 그는 우리가 그의 말에 순순히 복종하는 것을 가장 좋아한다. 그는 우리에게 우리 자신을 끊임없이 다른 사람과 비교하게 한다. 주로 비교하는 내용은 누가 더 예쁘고 똑똑하고 사랑받는가 하는 것이다. 심판자가 원하는 것은 우리에게 압력으로 작용할 수 있는, 외부로부터 오는 모든 자극을 최소화하는 것이다.

심판자는 흔히, 자신이 우리 인격의 주인이라고 느낀다. 그는 자신이 다 큰 성인인 우리 자신보다 더 어른스럽고 비판적인 이성을 지니고 있으며, 세상의 위험을 더욱 잘 감지할 수 있다고 여긴다. 만약 심판자가 어떤 종교를 믿고 있다면, 그는 도덕적인 판단도 병행하며 죄의 목록을 작성하는 일에도 열심히 참여한다.

심판자가 목소리를 강하게 내면, 흔히 우리는 우리가 진정으로 원하는 일을 하지 못한다. 왜냐하면 심판자는 끊임없이 우리를 평가하고 또 어떤 일을 하지 못하도록 미리 막기 때문이다. 우리는 그의 비판을 들으면 낙담하여 무기력함을 느끼게 된다. 이는 마치 두 손이 묶인 채 어떤 일을 해야 하는 것 같은 느낌이다. 심판자가 우리 내면의 다른 비판자들과 함께 일할 때면 그는 판사나 검사 역할을 맡는다. 그는 법복을 입고 손가락으로 다른 이들을 가리키며 재판봉을 땅땅 두드리며 **가치판단**을 내린다.

심판자는 보통 다음과 같은 성향을 띤다. 그들은 다른 사람을 비난하고 평가하고 비교하여 주눅이 들게 하고, 매정하게 몰아세워 마음을 다치게 하며, 더 나아가서는 영혼을 병들게 한다. 심판자는 언제나 다른 사람의 약점만 찾아낸다.

심판자들의 특징을 하나 더 언급하자면 다음과 같다. 심판자는 내면의 다른 비판자들이 내린 판단을 종합하여 최종 결론을 내리고 그들 앞에 나서기를 좋아한다. 그는 내면의 비판자들을 대표한다. 그는 누가 산만하다거나 어떤 과제를 미숙하게 처리한다거나 어떤 일을 너무 오랫동안 붙잡고 일한다고 할 때 그 단점 한 가지만 지적해서 비난하는 것이 아니라 사람 전체를 매도해버린다. "너는 아무짝에도 쓸모가 없어.", "너는 패배자이자 완전한 실패자야.", "너는 나쁜 사람이야." 등. 이런 말들이 마음속에 새겨지고 결국에는 자신의 존재가치를 의심하기에 이른다. 심판자는 우리 자신을 무능하다고 여기게 하는 집행관의 역할을 담당하며 이는 우리 마음에 상처를 입힌다.

이것이 무슨 말인지 감이 잘 오지 않는 사람을 위해 나는 영화 한 편을 추천하고자 한다. 고전영화 〈심판Der Prozess〉은 프란츠 카프카Franz Kafka의 동명소설을 영화화한 것인데, 이 영화에서 피고인으로 등장하는 앤서니 퍼킨스Anthony Perkins가 느끼는 무기력감이 바로 심판자에게 비난받은 사람이 느끼는 감정이다. 대개 심판자에게 비난받는 사람들은 심판자에게서 다음 같은 소리를 듣는다. "나 참, 도대체 넌 정말 왜 그 모양이야?"

우리 내면의 심판자가 왜 이토록 우리에게 큰 영향을 미치는가 하는 문제는 뒤에서 다시 설명하겠다.

지금까지 소개한 비판자들은 대표적으로 우리의 내면에 있는 존재들이다. 이제 이들에 대해 좀 더 알아보려고 한다. 내면의 비판자들은 때로는 남성적인 측면을 보이기도 하고 때로는 여성적인 측면을 드러내기도 한다.

당신은 분명히 내면의 비판자들에 관한 설명을 읽으면서 당신 안에 사는 내면의 비판자를 떠올리기도 했을 것이다. 그리고 오랫동안 간직했던 가슴 아픈 기억이 되살아나기도 했을 것이다. 당신은 우리 모두가 왜 이렇게 내면의 비판자들에게 지배당하고 끌려다니는지 궁금해하는 한편, 이들로부터 일정한 거리를 유지하고 앞으로 명령이나 위협이나 심판을 받지 않으려면 어떻게 해야 하는지 궁금하게 생각할 것이다.

나는 이 책의 다음 장에서 다음의 두 가지 질문을 중요하게 다루고자 한다.

1. 잘못을 지적하고 심판하고 마음을 파괴하는 내면의 비판자들은 어떻게, 왜 우리 마음속에 들어오게 되었는가?
2. 우리 마음속에 있는 내면의 비판자들에게는 어떤 목적이나 기능, 혹시 어떤 **선의**가 있지는 않을까?

이제 당신은 심리치료에 관한 전문서적 몇 권을 준비하여 '초자아 superego'나 '내사introjection', 또는 '심리분석 입문'에 관한 내용을 찾아 읽거나, 교류분석심리학에서 다루는 **어른자아**, 또는 부분치료에서 말하는 **비판적 자아** 등에 대한 내용을 찾아 읽을 수 있을 것이다.

만약 그러한 책들이 너무 어렵다고 생각한다면 그저 이 책을 계속 읽어나가면서 다음의 3장에 나오는 '우리 인격은 다양한 부분들로 구성된다'라는 강의를 들어주기 바란다.

3장

강의 1

우리 인격은 다양한 부분들로 구성된다

사람의 인격은 보통 나누어질 수 없는 것처럼 보이지만 사실은 여러 부분으로 구성되어 있다. 사람들이 쿼크·렙톤·바리온 입자가 발견되기 전까지는 원자를 쪼갤 수 없다고 믿었듯이, 나는 심리치료를 공부하면서 오랫동안 우리 자아가 더는 나누어질 수 없는 하나의 완전체라고 믿고 있었다. 나는 유럽에서 르네상스 시대 이후 널리 확산된 인본주의(인간이 모든 것의 중심이 된다는 사상이다)에서 중요하게 다루었던 개념인 완전하고 절대적인 **나**(또는 '에고ego')에 대해서 자세히 검토해보려고 한다. 내가 보기에 이 개념은 어떤 실체를 가리키는 것이 절대로 아니다.

이제는 우리가 지금까지 구체적으로 잘 안다고 믿었던 '인격'이라는 것이 기독교적 사고방식의 결과이며, '사람의 인격이 나뉠 수 없다'고 하는 설명이 잘못된 것임을 알게 되었다. 그리고 뇌 연구 분야에서 최근 발견한 사실을 보더라도 인격에 관한 종래의 믿음이 잘못된 것임을 알 수 있다. 우리는 '나누어질 수 없는 온전한 인격체(individuum, 더는 나눌 수 없다는 뜻의 라틴어)'가 아니며 우리의 인격은 여러 부분으로 나누어질 수 있다. 우리의 인격은 여러 부분들, 역할들, 자아 상태들(이는 영어 ego-states를 그대로 옮긴 단어다) 또는 자아의 부분들로 구성되어 있는데, 나는 신조어인 '자아의 일부'나 '자아가족'이라는 말을 가장 좋아한다.

이러한 개별자들, 즉 자아 상태들은 서로 다른 역할을 한다. '자아 상태'는 사람이 과거에 경험한 내용들이 신경 조직에 저장된 것이다. 우리 안에는 어떤 과제들을 수행하는 데에 필요한 해결 전략의 목록과 함께, 살아가면서 다양한 역할을 해야 할 때에 필요한 적응 방법이 내장되어 있다. 우리의 인격을 구성하는 부분들은 특정한 역할을 수행하게끔 훈련되어 있다. 우리 내면의 연극 무대는 모든 것이 일어날 수 있는, 환상과 가능성의 공간이다. 우리 안에 어른의 성격 유형으로 존재하는 어른자아는 흔히 자신이 이 무대의 총감독이라고 생각한다. 이에 대해서는 나중에 다시 다루겠다.

우리는 자신을 인식할 때 언제나 어떤 특정한 자아 상태에서 인식한다. 우리는 이것을 '초자아'라고 부른다. 이를테면 초자아는 연극 무대에 서서 조명을 받으며 청중(우리를 둘러싼 환경)과 소통하는 사람이다. 우리가 그에게 누구냐고 물어본다면 그는 아마도 자신이 진정한 자아라고 대답할 것이다. 이것을 나 자신에 접목하면 나의 진정한 자아는 컴퓨터 앞에 앉아서 당신을 위해 이 책을 쓰고 있는 '키 작은 교수'다. 당신은 이 책을 성인의 눈으로 읽고 있지만, 한편으로는 당신의 학창 시절에 형성된 '학생자아 상태'의 눈으로 읽고 있기도 하다.

전면에 드러나지 않은 자아 상태란 연극 무대 뒤에 서서 자신이 등장하기만을 기다리고 있는 상태라 할 수 있는데, 이는 무대 위에서 벌어지고 있는 일을 어느 정도 아는 상태라고도 말할 수 있다. 바꾸어 말해 당신과 내가 현재 이미 어른이 되었음을 자각하지 못하고 있는 어린 자아 상태를 우리 내면에 가지고 있다는 뜻이다. 하지만 우리는 이러한 어른의 상태를 이내 자각하게 된다.

모든 사람이 마주치는 갈등과 문제들은 다양한 종류의 자아 상태들이 각자 서로 다른 것을 원하고 요구하기 때문에 생겨나며 이들의 문제 해결 전략도 저마다 모두 다르다.

내적 갈등은 너무나 많은 에너지를 소모하게 함으로써, 위축되고 방어적인 태도를 보이게 하고 우리가 심리적 상처라 일컫는 문제를 불러일으킨다. 이 모든 것은 그저 인간의 내면에서 여러 유형의 자아들이 다투기 때문에 벌어지는 일이다.

이렇게 되면 내적인 힘, 곧 인간의 자존감이 상처를 입거나, 심하면 완전히 무너지게 된다. 심리적인 트라우마trauma를 경험하고 이른바 외상 후 스트레스 장애Post Traumatic Stress Disorder에 시달리다가 나에게 심리치료를 받는 환자들은 대체로 내면의 갈등을 해소하고 내적인 힘을 되찾기 전까지는 안정을 찾지 못한다.

존 왓킨스John Watkins와 헬렌 왓킨스Helen Watkins 부부는 우리의 자아가 여러 부분으로 이루어져 있음을 밝혀내는 연구 분야의 선구자들이었다. 그들은 1970년대에 자아 상태 심리치료를 처음으로 개발했는데, 한 개인의 내면에 형성되는 자아의 부분들이 세 단계를 통해 이루어진다고 보았다.

1. 생의 초기 단계에서 형성되는 개인의 고유한 인격
2. 어린 시절 가장 의지하는 사람에게서 들은 말들과 그들이 보인 태도의 내면화
3. 심리적 상처 경험에 대한 반응

여러 자아 상태는 상처에 대한 방어기제에서 출발한다. 왓킨스 부부의 제자인 어리드 바라바스Arreed Barabasz는 우리가 만약 다시 아동기로 돌아가게 되면 우리 자아의 한 부분이 발현된다고 강조한다. 만약 자동차 사고나 강도를 당하는 등의 심리적 상처를 경험할 때에

는 이 자아가 나타나서 상처를 극복하는 역할을 담당한다는 것이다. 한 개인의 자아 상태는 각각 여러 종류로 나누어지는데, 이들 자아 상태의 경계는 때로는 어느 정도 서로 겹치기도 한다. 모든 자아 상태는 특정한 역할이나 기분이나 정신작용을 통해서 개인의 정체성을 결정한다.

자아 상태들은 각각의 기억을 통해 서로 다른 자아 상태들과 집중적으로 교류한다. 모든 자아 상태가 서로 관련되어 있고 서로를 자각하는 상태에 있는 것을 우리는 **협력적 자의식**이라고 한다. 정신적으로 큰 충격을 받은 자아 상태는 완전히 의식을 잃을 수도 있고, 의식을 찾는다 하더라도 자신을 표현하는 데에 큰 어려움을 겪을 수도 있다.

프로이트Freud의 제자로서 오스트리아 빈 출신의 심리분석학자였던 파울 페데른Paul Federn은 한 개인이 지닌 다양한 측면의 역동성을 설명하고자 자아 개념을 처음으로 도입하였다. 페데른은 자기 자신을 낯설게 느끼고(몰沒개인화), 자신을 둘러싼 환경을 낯설게 느끼는(비현실화) 정신질환자들을 치료하는 과정에서 그들의 자아가 하나의 자아가 아니라 여러 다양한 층위의 자아 상태로 이루어져 있음을 발견했다.

에도아르도 바이스Edoardo Weiss는 그에게 정신분석학을 가르친 스승이었던 페데른의 글들을 이해하기 쉽게 풀어서 설명하는 한편, 자신의 연구를 계속해서 발전시켜나갔다. 하지만 페데른과 바이스,

이 두 사람 모두 신경증에 시달리는 사람들의 치료 과정에서 자아 상태들이 얼마나 중요한지 그 의미를 명확하게 설명하지는 못했다. 그리고 두 사람은 당시에는 이미 시들해지고 있던 전통적인 심리학을 되살릴 수 있는, 그들의 관점을 적용한 새로운 정신분석치료를 개발하지도 못했다. 이후에 존 왓킨스가 아내 헬렌 왓킨스와 함께 페데른의 개념을 발전시켜서 자아 상태 심리치료의 밑바탕을 마련했다.

자, 막을 내리자. 첫 번째 강의는 이것으로 마친다.

우리의 자아는 여러 다양한 자아 상태들로 구성되어 있다. 그러나 이 말은 우리가 다중인격을 지닌다는 뜻이 아니다. 다중인격은 이 말과 완전히 다른 것이다. '다중인격'은 보통 어떤 사람이 외부로부터 충격을 받고 나서 완전히 다른 여러 사람의 인격으로 변화하는 것이다. 다중인격을 지닌 사람들은 흔히들 혼란스러워하고 고통스러워한다.

우리 내면을 이루는 부분들을 그림으로 그려본다면 이들은 저마다 서로 다른 나이와 성별, 역할의 사람들로서 모습을 드러내게 된다. 우리는 우리 두뇌의 신경망을 직접 관찰할 수는 없지만, 우리가 각기 다른 자아 상태로 변하는 경우를 경험으로는 알아챌 수 있다. 우리는 이러한 경험을 말로 설명할 수 있고 각기 다른 자아 상태가 어떤 모습으로 나타나는지 상상할 수 있다. 그러나 이것은 그저 상상일 뿐이며, 우리 안에 진짜로 어떤 비판자나 잘못을 지적하는 자, 모든 것을 망치는 자가 살고 있다는 뜻은 아니다.

우리 머릿속 또는 우리 내면에 살고 있는 이들의 특성을 다음과 같이 정리해볼 수 있다.

- 이들은 특별한 성질을 띠고 있다: 변덕스럽다, 매력적이다, 권위적이다, 수줍어한다, 도발적이다, 조숙하다, 상처받았다 등.
- 이들은 특정한 연령대에 속한다: 유소년층, 청년층, 장년층.
- 이들은 특별한 역할을 담당하고 있다: 조력자 및 보호자, 감시자, 비판자, 우울함 담당자, 명랑함 담당자, 결벽주의자, 통제자 등.
- 이들은 우리의 정서적 안정을 위해 애쓰고 있다: 인생 경험이 많은 푸근한 할머니·할아버지들, '내적인 힘', 조언자, '영성' 등.

이제 A4 용지 한 장을 준비하여 당신 내면의 부분들을 그려보라. 우선 종이 위에 원이나 타원이나 사각형을 그리고, 그 안에 각각의 이름을 적어 넣는다. 그리고 추가로, 살아오면서 그 부분들이 언제 생겨났는지를 적어 넣어도 좋을 것이다.

이게 무슨 의미가 있을까 하고 의아해하겠지만 나는 이것이 당신에게 도움이 될 것으로 생각한다.

다 그렸는가? 그렇게 종이 위에 몇 가지 부분들을 그려 넣었다면, 당신 안에서 들려왔을 부정적인 목소리를 이겨내고 모든 것을 성공적으로 해낸 자신을 칭찬하고 격려해주어도 좋을 것이다. 만약 그림을 그리지 못했다면 이번이 당신 내면에서 들리는 부정적인 목소리를 이겨내는 마지막 기회라고 생각하고 한 번 더 도전해보기 바란다.

여기서 충고 하나 하자면 우선 자기 내면에서 들리는 목소리에 귀를 기울이라는 것이다. 내면의 목소리는 그림을 그리고 싶지 않은 이유 또는 그리지 못하는 이유들을 늘어놓을 것이다. 그 말을 다 듣고 나서는 그 목소리가 말한 바의 정반대로 행동하면 된다. 내면의 부정적인 목소리가 또 다른 핑계를 궁리하는 동안, 이미 당신은 손에 연필을 쥐고 있을 것이다.

그리고 당신이 그림에 그려 넣은 것이 이 책의 부록으로 실린 설문지인 '당신 내면의 비판자들'을 작성할 때 나오는 완벽주의자, 파괴자, 심판자 등의 유형 중에서 어느 것에 속하는지를 확인해보기 바란다. 아마도 모든 유형이 다 있을 것이다. 혹시 "너는 아무짝에도 쓸모없어."라는 말을 기억하는가? 이것이 우리가 이어서 다룰 내용이다. 두 번째 강의의 제목은 "내면의 비판자는 어떻게 만들어지는가?"다.

4장

강의 2

내면의 비판자는 어떻게
만들어지는가?

일단 우리의 귓속에 아주 작은 사람들이 있다고 가정해보자. 그리고 이제부터 이들이 우리에게 도덕에 어긋나지 않게 행동하는 방법을 알려준다고 상상해보라. 그렇게 상상하는 게 왜 편리한지를 설명하겠다.

　본래 우리의 양심은 우리가 사회생활에 잘 적응하게끔 하고 다른 사람들의 인정을 받게 하며, 민망한 상황이나 부끄러움이나 죄책감을 느끼지 않고 되도록이면 많은 어려움을 피해갈 수 있게 하는 기능을 한다.

　우리 내면의 비판자들은 우리를 양육한 부모들과 우리를 가르친 학교 선생님, 그리고 우리가 중요하다고 생각한 모든 사람한테서 무엇이 옳고 그른지를 판별하는 기준을 배웠다. 우리가 내면에 받아들인 모든 것은 외부에서 온 것들이다. 우리는 "너는 못생겼고 절대로 어떤 프로그램에도 캐스팅되지 않을 거야."라는 말을 내면에 품고 이 세상에 태어나지는 않았다. 이런 말들은 우리 외부로부터 들어온 것이다.

앞서 말한 내면의 비판자들은 우리에게 어릴 때부터 착하게 행동하고 자신이 의존하는 사람들의 도덕 기준에 맞추게끔 하려고 불편한 느낌을 불러오는 죄책감이나 수치심을 이용한다. 이것은 어떤 면에서는 긍정적인 측면도 있다. 왜냐하면 이렇게 함으로써 다른 이들에게 배척당하지 않게 되었기 때문이다. 하지만 다른 한편으로는 우리의 자발성이나 생기가 꽤 훼손되기도 한다.

삶이라는 커다란 법정 한가운데에서 도대체 누구에게 무슨 잘못을 저질렀는지도 제대로 모르는 채 피고인의 신분으로 서 있는 기분이 어떤 것인지에 관해서는 앞에서 이미 설명했다. 나는 프란츠 카프카의 소설 『심판』에 나오는 주인공 K의 예를 들어 설명했다(오슨 웰스Orson Welles가 감독하고 앤서니 퍼킨스, 로미 슈나이더Romy Schneider, 잔 모로Jeanne Moreau가 등장하는 영화 〈심판〉을 볼 것을 권한다). 카프카의 소설에는 다음과 같은 대목이 나온다. "분명히 누군가가 요제프 K씨를 무고하게 고발했을 것이다. 왜냐하면 그는 아무런 잘못을 저지르지 않았음에도 어느 날 갑자기 체포되었기 때문이다."

우리 내면의 심판자는 우리 인식의 한 부분이며 마치 우리에게 말을 거는 것처럼 느껴진다. 그는 우리의 모든 생각과 행동의 의도를 속속들이 잘 안다. 그리고 우리가 자신과 타인에 대해 품는 모든 아이디어, 생각, 확신, 상상, 내적인 인상에 영향을 끼친다.

이 내면의 비판자는 우리 마음뿐만 아니라 몸 안에도 산다. 그가 비록 우리 눈에는 보이지 않지만, 우리는 우리 어깨를 짓누르는 그의 무게를 느낄 수 있다. 우리의 뱃속이 거북해지고 열이 났다 추웠다 하며 아주 불편한 기분이 온몸에 퍼지는 것 또한 느낄 수 있다.

우리 안에 사는 심판자가 아주 열심히 하는 일은 바로 우리를 세상 사람 전부와 비교하는 일이다. 설령 세상 사람 전부를 비교하지는 않는다고 하더라도 이 심판자는 최소한 우리 가까이에 있는 사람과 우리를 두고 누가 더 예쁘고 날씬하고 똑똑하고 성공했는지를 비교한다. 그리고 언제나 모든 면에서 뛰어난 팔방미인을 찾아낸다. 당신이 명심해야 할 것은, 당신이 아무리 부단히 애쓴다고 하더라도 이 심판자는 언제나 당신보다 더 나은 사람을 쉽게 찾아낸다는 점이다. 우리는 우리가 잘한 일에서도 언제나 끊임없이 어떤 결함을 찾아내야만 할 것 같은 기분을 느낀다. 이렇게 끊임없이 비교하고 잘못한 점을 찾아내는 일은 우리의 자존감과 자기효능감[*문제를 스스로 해결할 수 있다는 자신의 능력에 대한 신뢰나 기대감]을 해치게 된다. 이는 무력감을 양산할 수도 있고 "나는 아무리 노력해도 안 돼."라는 식의 절망감을 안겨줄 수도 있다.

다시 처음의 질문으로 돌아가보자. 이 모든 것은 왜 생기며 어떤 기능을 하는 걸까? 우리 마음속 깊은 곳에 마조히스트가 사는 건 아니다. 아, 정말 살지 않는 걸까?

이미 2장에서 다룬 내면의 비판자들이 어떤 다양한 역할들을 맡는지 더 잘 이해하려면 발달심리학 이론을 살펴보는 것이 도움이 된다. 발달심리학에서는 인간이 유아기에서 청년기로 넘어가는 단계에서 이 내면의 비판자들을 자연스럽게 내면화한다고 본다. 우리는 어렸을 때부터 어른들이 만든 규칙들을 내면화해야 했으며, 이러한 규칙들은 결국 우리 내면의 일부를 이루게 되었다. 이렇듯 우리 안에서 낮은 목소리를 내지만 우리를 강하게 압박할 수도 있는 내면의 부분들을 '잠재된 성격 특성'이라고 부른다. 이는 '명확하게 드러나는 성격'이라는 말과는 반대되는 개념이다.

인간은 성숙하는 과정에서 특정한 위기들을 만난다. 인간의 발달 단계에는 단계마다 특유의 과제가 있으며 각 단계의 위기를 잘 극복하면 인간은 한층 더 발전하게 된다. 이 위기들은 내가 앞에서 '내면의 비판자들'이라고 일컫은 자아의 일부분을 만드는 데에 이바지한다. 이 내면의 비판자들은 그들의 본질 자체와 그들의 장광설을 통해 응축되고 집중된 형태로 발달적 위기를 표현하며, 이전에 실행되었던 해결 전략을 따르라고 요구한다.

이를 간단하게 다음과 같이 정리할 수 있다. '군림하는 존재' 또는 '파괴자' 등 내가 지금까지 부정적으로 묘사한, 각자의 역할을 담당하는 자아의 부분들은 겉으로 드러나지 않는 잠재된 자아 상태다. 이러한 자아 상태는 우리 안의 파괴적인 성격이나 본능을 통제하고자 우리가 어린 시절에 영향을 받았던 가장 중요한 양육자·사회의 역할/기능을 내면화한 것이다. 우리가 낯설고 두려운 세상에 적응하고 생존하려면 이러한 자아 상태가 필요하다.

이에 대한 이야기를 좀 더 자세히 해보자. 그러려면 먼저 독일 출신의 미국 정신분석학자이자 자아심리학의 창시자였던 에릭 에릭슨 Erik H. Erikson의 개념을 소개하는 게 좋겠다. 에릭슨은 심리사회적 발달 이론으로 유명한 학자다.

에릭슨은 프로이트의 발달 이론을 바탕으로 사회심리 이론을 만들었는데, 이 이론은 유아기부터 성인기에 이르기까지 연령에 따른 발달 단계에서 자아와 사회환경 간의 상호작용이 결정적인 역할을 한다고 설명한다. 에릭슨이 프로이트와 다르게 생각한 중요한 내용은 다음과 같다.

- 발달 단계에서 만나는 과업을 해결할 때에는 자아의 자율성이 중요하다.
- 인간 행동의 동기는 성^性에만 국한되지 않는다.
- 살아가는 동안 건강한 성격 성장의 기회는 항상 있다.

에릭슨은 아동기 및 청년기 등 각 단계에 주어지는 심리사회적 위기를 극복하는 것을 발달 과업으로 보았다. 그는 인생을 즐거운 잔치 같은 것이 아니라 장애물을 하나씩 차례대로 넘어서는 과정으로 보았다. 에릭슨에 따르면 성격 발달은 다음 발달 단계를 준비하면서 개인이 극복하고 내면화해야 하는 일련의 위기들을 통해 이루어지는데, 이는 총 여덟 단계로 이루어져 있다.

1단계: 신뢰 대 불신

유아기에서 가장 중요한 것은 신뢰감의 형성이다. 이 신뢰감의 형성은 아이를 친밀하게 대하고 양육하는 어머니에게 달렸다. 만약 아기가 수용적이고 따뜻한 대접을 받게 되면 신뢰하는 것을 배우게 되고, 이 신뢰의 결과는 삶에 대한 긍정적 관점으로 이어진다. 그러나 만약 이 시기에 신뢰감을 형성하지 못하면, 다른 사람을 잘 믿지 못하고 감정 표현을 제대로 하지 못하며 자꾸 안으로 움츠러들게 된다. 이 시기는 사고 체계가 미성숙한 단계로, 오직 신체적인 욕구를 충족하고자 하며 만일 이 시기에 충분한 신체적 접촉을 받지 못하면 성인이 된 후에도 어려움을 겪는다. 이 시기의 위기를 잘 극복하지 못한 환자들은 스트레스에 취약하며 내적 불안감, 버려졌다는 느낌, 불만 등을 호소한다.

2단계: 자율성 대 수치심과 의심

2세의 유아는 '항문기'에 해당하는데, 이 시기에는 항문 근육뿐만 아니라 다른 여러 근육도 사용하게 된다. **자율성**은 스스로 어떤 일을 하는 것을 의미한다. 이를테면 근육을 마음대로 사용하려고 하고 똑바로 서서 걸으려고 하고 자신의 신체를 잘 통제하려고 한다. 이 시기의 유아는 자율성이 확대되는데, 어른들은 여러 가지를 금지한다. 예를 들면 배변 훈련이나 위생 교육을 할 때 어른들은 다음과 같은 말을 많이 한다. "더러운 건 먹지 마.", "손가락을 콘센트에 넣으면 안 돼.", "먹는 걸로 장난치면 못써.", "동생 머리카락을 잡아당기지 마." 등.

애착의 대상에게서 너무 많은 것을 금지당하면 훗날 공격적인 성격으로 변할 수 있다. 그러나 만약 이 시기의 단계를 잘 지나가면 자기통제에 대한 자신감과 자율성이 자란다.

아이의 생후 2년 동안 양육자는 아이에게 "손 주세요."나 "그만 울어." 등 신체적·감정적 통제와 규칙 준수에 적응할 수 있도록 하는 각종 금지사항이나 요구사항들을 많이 말한다. 우리는 어른이 된 이후에도 우리 안에서 들려오는 통제하는 목소리를 듣게 된다. 내면의 통제자는 적절한 압력을 가하고자 수치심과 자기회의를 이용해 우리를 약하게 한다.

"언제나 강해야만 해."라는 말 뒤에는 여러 가지 자기통제의 언어가 숨어 있다.

- "약한 모습 보이지 마."
- "감정을 드러내지 말고 참아야 해. 스스로를 좀 더 통제해봐."
- "객관적인 시각을 유지하고 흥분하지 마."
- "언제나 강해 보여야 해."
- "네 문제에 관심 있는 사람은 아무도 없어."
- "정신 차려! 감정을 드러내지 마!"
- "네 문제는 너 스스로 해결해야 해."

3단계: 주도성 대 죄책감

이전의 단계에서 아이들이 자신과 환경에 대한 신뢰감을 쌓았다면 3세에서 5세 사이의 아이들은 신체적인 활동뿐만 아니라 정신적인 활동에도 열중한다. 이것도 역시 부모에게서 평가받는다. 이 시기의 아이들은 어떤 일을 할 때의 위험부담을 제대로 인지하는 법을 배우고 세상과 접촉하려고 하고(자기효능감 획득), 어떤 일을 실패했을 때 비난받는 것(죄책감)을 배운다. 또한 신호불안(어떤 위험이 있다고 예상할 때 갑자기 느끼는 두려움)를 통해 위험한 모험을 피하는 법을 배우고 내부의 방어벽을 쌓는 것을 배운다.

이 단계에서는 추상적인 사고를 토대로 하는 학습이 이루어질 수 있으며, 사회적으로 용인되는 행동이 어떤 것이며 어떻게 하면 벌을 받는지를 배운다. 그래서 아이들은 벌을 받는 일과 수치심을 느끼는 일을 피하고자 완벽한 행동을 하려고 노력한다. 이 시기의 아이들은 다음과 같이 말하는 경우도 있을 것이다. "다른 사람들과 나 자신을 완벽하게 통제해야만 인정받을 수 있어. 따라서 나는 완벽해야 하고 어떠한 실수도 하면 안 돼." 여기에 성공하면 아이는 결단력을 지니게 되고 가치 있는 목적을 추구하게 된다.

그러나 만약 양육자가 너무 가혹하게 대하면 아이는 죄책감을 느끼며 타인을 배려하지 못하고 다른 사람과 관계를 잘 맺지 못하게 된다.

이러한 발달 단계에서 나타난 파괴적인 내면의 비판자가 어른이 되고 나서도 그대로 남아 있으면 그는 우리 내면에 사는 완벽주의자가 된다. 그의 모토는 "언제나 완벽해야 해."이며 그가 주로 하는 말은 다음과 같다.

- "너는 완벽해야 해."
- "이 정도로는 어림도 없어."
- "너는 정리정돈을 해야 해. 네 방은 마치 쓰레기장 같아."
- "네가 확실하게 아는 사실에 대해서만 이야기하도록 해."
- "너는 끊임없이 지식을 쌓아야 해. 공부하지 않으면 뒤처지게 돼."

- "너는 모든 도전과제들을 다 받아들여야 해. 그래야만 훌륭한 사람이 될 수 있어."
- "완벽하지 않은 것은 모두 쓸모없어."

4단계: 근면성 대 열등감

3세에서 5세 사이의 아동이 매우 자기 중심적이고 세상을 단순하게 보는 것과 달리, 학교에 들어간 아이의 관점은 '다른 사람 중심'으로 확장되어간다. 즉 이 단계는 초등학교 시기로, 인간관계가 가족에서 학교라는 사회로 더 넓어진다. 6세부터 사춘기까지 이어지는 시기에 사회적 관계는 더욱더 중요해지며 자신을 드러내려고 하고, 어떤 집단을 막론하고 모든 것을 다 잘하고 싶어 하는 욕망을 드러낸다.

이 시기의 아이는 놀고 싶다는 욕망과 함께 '근면성'을 발달시키게 된다. 아이는 뭔가 쓸모 있는 존재가 되고 싶어 하며 어른들의 세계에 참여하고 싶어 한다. 기술을 습득하고 새로운 환경에서 경쟁력을 갖추려 하며 지루하다거나 멋지지 못하다는 평가를 피하고 싶고, 좋은 성과를 내려면 내면에서 계속해서 독려하는 목소리가 필요하다. 핵심 신조는 "중요한 것을 놓치지 않으려면 서둘러라."다.

이 시기의 아이가 성과를 나타내고 또래집단의 인정을 받으면 자기 능력을 신뢰하게 된다. 그러나 만약 이 시기에 친구들보다 뒤떨어

져서 바람직한 결과를 내지 못하면 실패에 대한 두려움과 열등감이
생긴다.

내면에서 닦달하는 자는 긴장의 끈을 놓지 말고 경쟁에서 이겨야
하며 직업 훈련의 과업을 성공적으로 수행하라고 요구한다. 그의 신조
는 "서둘러라, 언제나 서둘러라."다. 그가 속삭이는 말은 다음과 같다.

- "좀 더 열심히 해. 너는 더 많은 것을 성취할 수 있어."
- "요즈음 멀티태스킹은 기본이야. 이 게으름뱅이야."
- "세상에! 너무나 지루해. 차라리 다른 일을 하지."
- "빈둥거리면서 시간을 흘려보내지 마."
- "해야 할 일이 너무 많아서 하루 24시간만으로는 모자라."

5단계: 정체성 대 역할 혼란

사춘기에서 성인으로 가는 13세에서 20세 사이의 단계에서는 급격
한 신체적 변화가 나타나며 성적인 발육이 이루어진다. 어른으로 가
기 전 단계인 이 시기의 발달 과업은 지금까지 자기 자신에 대해 이
해한 것들을 통합하고 남자 또는 여자로서의 정체성을 확립하는 일
이다. 이 시기는 자신에 대한 정체성을 확립해감으로써 차츰 어른이

된다.

나의 과제는 이때까지 쌓아온 신뢰와 불신, 자율성과 수치심 및 의심, 주도성과 죄책감, 근면성과 열등감 사이에서 경험한 모든 것을 이제 하나의 자아 개념으로 통합하는 것이다. 이전까지의 단계에서 중요하게 다루었던 내용인 신뢰, 자율성, 주도성과 근면성 등의 내용 말고도 이제는 "**나는 누구인가?**"라고 하는 새로운 문제가 전면에 등장하게 된다.

내면에서 닦달하는 자는 지식을 쌓고 목표를 달성하라고 부추기며 지배하라고 하는 데에 비해, 남의 눈치를 보는 자는 다른 이들로부터 받는 존중과 소속감, 그리고 타인에 대한 배려와 자신이 소외되지 않는 것을 중요시한다. 남의 눈치를 보는 자는 청소년들이 사회집단에 잘 적응하고 소속감을 느낄 수 있게 도와준다. 남의 눈치를 보는 자는 타인의 표적이 되지 않게끔 공격적인 성향을 누르는 역할을 한다. 그의 가장 강력한 무기는 청소년이 누군가한테 미움받고 소외당할 수 있다고 위협하는 것이다. 남의 눈치를 보는 자는 다음과 같이 말한다.

- "모든 사람에게서 사랑받으려면 모두를 만족시켜야 해."
- "네 욕구는 중요하지 않아."
- "다른 사람들은 너의 외모나 말하는 방식을 좋아하지 않아."
- "너는 안 된다고 말하면 안 돼. 왜냐하면 그렇게 하면 다른 사람들이

실망할 테니까."

• "갈등은 절대로 일으키면 안 돼."

6단계: 친밀감 대 고립감

20세에서 40세 사이의 초기 성인기에서 가장 중요한 사회적 협조자
는 바로 배우자와 친한 친구다. 사람은 배우자·친구와의 관계를 통
해 외로움과 소외감을 극복한다. 이때 만약 자아정체성이 없다면 친
밀한 관계에 대해 두려움을 느끼는 경우를 흔히 발견할 수 있다. 자
아정체성이 발달되지 않은 사람을 만나면 흔히 매우 차갑다거나 계
산적이라는 인상을 받는다. 나는 성인의 내면에서 자아정체성이라
는 것을 찾아다니는 자아의 한 부분을 '관계 맺기를 원하는 자'라고
부르고 싶다.

7단계: 생산성 대 침체성

에릭슨이 말하는 생산성이란 자녀를 낳고 잘 가르쳐서 다음 세대가
발전할 수 있게 하는 것이다. 40세에서 65세 사이의 중년기에 이 과
업에 성공하면 인류와 미래에 대한 신뢰가 싹트며 다른 사람들을 돌

보는 능력이 발달한다. 에릭슨은 만약 이것이 실패하면 침체 상태가 온다고 지적한다. 침체성이라는 것은 개인이 주변 사람들과 아무런 관계도 맺지 않고 오직 자기 자신만을 생각한다는 것이다. 생산성이 너무 지나치다고 하는 말의 뜻은 한 개인이 자기 자신은 전혀 돌보지 않고 오직 다른 사람들만 챙긴다는 뜻이다. 나는 어른이 된 우리의 내면에 자리 잡고 있는 이러한 부분을 '인생의 목표를 찾는 자'라고 이름붙이고 싶다.

8단계: 자아통합 대 절망

이 시기는 65세 이상의 노년기에 해당하는 단계다. 이 시기의 과업은 자신의 삶 전체를 받아들이고 자신의 삶을 의미 있는 것으로 받아들이는 일이다. 이 시기는 자신의 죽음까지도 받아들이고 삶의 유한성을 인정하는 시기다.

그러나 이러한 통합과 성숙이 이루어지지 않을 때에는 자기 자신이나 타인에 대한 혐오감, 절망감이 자리 잡게 된다. 이렇게 되면 이루지 못한 목표와 희망에 대한 실망감과 우울함이 생긴다. 나는 이 시기의 인간 내면에서 사는 자를 '인생의 의미를 찾는 자'라고 부르고 싶다.

당신은 분명 우리 안의 여러 비판자 중 한 가지 유형이 빠졌음을 알아차렸을 것이다. 맞다. 그것은 바로 내면의 심판자다. 앞에서 이미 언급했듯 심판자는 우리 머릿속에서 사는 매우 특별한 존재이므로, 이 심판자라는 우리 내면의 비판자에게 특별대우를 해주려고 한다. 바로 세 번째 강의에서 심판자에 대해 다룰 것이다.

자, 준비되었는가?

5장

강의 3

심판자의 무자비한 눈길

통제자, 완벽주의자, 닦달하는 자, 남의 눈치를 보는 자 등 내면의 비판자들은 우리의 자아를 이루는 중요한 부분들이며, 이들은 우리가 각 발달 단계에서 만나는 위기를 극복하는 데에 중요한 역할을 한다. 이 자리에서 확실하게 밝혀두건대, 이들은 우리의 인격이 성숙할 수 있도록 도움을 주는 존재다.

이 모든 내면의 비판자들은 우리가 사랑스러운 존재로 살아가게끔 도와주고 다른 사람들에게서 인정받을 수 있게 해준다. 이들은 우리가 타인과 관계를 맺는 데에 필요한 존재들이다. 그리고 우리가 유아기부터 성인기까지 발달해가는 동안, 내면의 도우미이자 감시자 역할을 한다. 이들은 우리가 사회화 과정에서 내면화한 각종 규칙과 규범들을 대변하는 역할을 하며, 우리가 인생에서 마주치게 되는 일반적인 발달 위기를 정상적으로 겪었음을 보여준다.

그러나 우리를 도와주던 내면의 비판자들은 외부로부터의 압력이 너무 강해지면 갑자기 돌변하여 **괴물**이 되기도 한다. 어떻게 이런 일이 발생하는 걸까?

우리는 우리 부모와 다른 중요한 어른들한테서 인생을 살아가는 방법을 배우며 자라왔다. 비난보다 칭찬을 자주 들었을 때는 그럭저럭 문제가 없었다. 미국의 정신과 전문의인 제롬 케이건Jerom Kagan에 따르면 생후 14개월의 영아는 9분마다 부모에게서 무엇을 하지 말라는 말을 듣는다고 한다. 그리고 한 어린아이가 다섯 살이 될 때까지는 무려 4만 번 이상 혼난다고 한다. 이것은 대략 한 달에 666번, 하루에 22번꼴로 혼이 난다는 이야기다. 나는 이 이야기에 머리를 끄덕인다. 옛날 우리 집 근처에 이탈리아 출신의 가족이 살았는데 각각 세 살, 다섯 살이었던 사내아이들은 매일같이 혼났다. "자리에 앉아. 뛰어다니지 마. 끝까지 다 먹어. 너무 많이 마시지 마. 엄마가 동생 혼내지 말랬지! 밥 먹을 때는 돌아다니지 마. 게임 좀 그만 해. ……."

자제력을 키우려면 규칙이 당연히 필요하다. 우리 뇌는 스스로 규칙을 만들어내지 못한다. 뇌 안의 종뇌(감정 조절, 충동 조절, 사회 적응의 기능을 담당한다)는 외부로부터 받아들인 규칙을 바탕으로 앞서 열거한 행동을 조절하도록 하는 역할을 한다. 그러나 이 부분이 제 기능을 다하지 못하는 사람들은 공격을 자제하지 못하거나 충동적인 양상을 보이며 이 때문에 발생하는 고통을 호소한다. 이는 부끄러운 감정을 담당하는 뇌 안의 영역과 관련이 있는데, 앞 장의 '에릭슨의 발달 단계'에서 이미 설명했듯 대략 생후 14개월 무렵부터 발달한다. 한마디로 이때부터 부끄러운 감정이 무엇인지 알게 된다는 것이다. 부끄러워하는 감정은 모두가 당연히 느끼는 감정은 아닌데, 우리 사회에는 이 감정을 아예 느끼지 못하는 사람들도 있다.

우리는 이런 사람들에 대해 반사회적 인격장애Antisocial Personality Disorder라고 부른다. 부끄러움을 못 느끼는 사람들은 타인에 대한 동정심을 느낄 수도 없다. 왜냐하면 동정심과 관계있는 두뇌의 띠이랑(변연계의 일부이며 인지, 위험 감지, 반응, 적응, 집중 등의 기능을 담당한다)은 종뇌와 함께 발달하기 때문이다. 부끄러운 감정은 우리가 사회적 관계를 맺는 데에 도움을 준다. 이것은 떼를 지어 사냥하는 육식동물 사이에서도 볼 수 있는데, 흥미로운 점은 이들에게 잡아먹히는 동물들 사이에서는 이 감정을 찾아볼 수 없다는 것이다.

다시 우리의 주제로 돌아와서 살펴보자. 어른들은 우리의 태도를 지켜보고 잘못한 일을 지적하고 우리가 어떤 사람인지를 평가하며 그들의 관점에서 옳고 그른 것, 해도 될 일과 해서는 안 될 일이 무엇인지를 우리에게 주입한다. 우리는 이런 과정을 통해 결국 어떻게 해야 사랑받을 수 있는지를 알게 되는 것이다.

심리학 용어로는 이를 '내사introjection'라고 하는데, 타인의 확신을 자신의 것으로 받아들이는 것을 말한다. 아이는 사회화 과정에서 어른들의 태도나 세계관, 가치와 규범을 받아들여서 자아와 초자아(도덕적 양심)를 형성하게 된다. 이때 어른들은 아이들의 롤모델role-model이 된다. 내사가 이루어지면(이에 대해서는 나중에 다시 다루겠다) 곧바로 아이의 내면에는 외부로부터 들어온 정보를 바탕으로 부분자아들이 형성된다.

그러나 외부로부터의 압력이 너무 강해지고 엄마의 핀잔은 감당하기 어려울 정도로 계속되는 동시에, 조금의 애정이라도 느낄 수 없다면 어떻게 될까? 이렇게 되면 호의를 보였던 내면의 비판자들이 통제자나 완벽주의자나 남의 눈치를 보는 자로 탈바꿈하게 된다. 즉, 원래 호의적이었던 부분자아들은 내가 책의 앞부분에서 말한 것처럼 **내면의 파괴자**들이 되는 것이다.

- **자신을 위로하는 자**는 타인과의 '평화로운 화합'을 갈구하거나 약물에 중독되기도 한다.
- **통제자**는 실패담을 늘어놓는 사람이 되며 부끄러움과 걱정으로 자율성을 억누른다.
- **완벽주의자**는 일을 망치는 사람이 되고 죄책감을 바탕으로 어떠한 실수도 하지 않으려고 노력한다.
- **닦달하는 자**는 노예를 부리는 자처럼 변하며 일체의 휴식이나 즐거움

을 허용하지 않고 오직 "어서 일해. 어서 일해. 안 그러면 큰일 나!"를
외친다.

- **남의 눈치를 보는 자**는 겁쟁이가 되며 타인의 기분을 맞춰주려고 아첨
  꾼이 되거나 희생자가 된다.

이들 모두는 불편한 감정을 불러일으키고 상처를 주고 우리의 자
존감을 해치고 아무런 도움도 주지 않는다. 이들이 우리 내면에서
더욱 강해질수록 우리 기분은 점점 더 나빠진다. 이는 마치 대서양
한가운데에 빠져 짠 소금물을 삼키다가 서서히 갈증으로 죽어가는
것과 똑같은 이치다.

게다가 이것이 전부는 아니다. 앞에서 우리 뇌에 있는 통제본부의
감독관으로 제격인 자, 판단을 내리는 자라고도 불렀던 심판자가 남
아 있다. 심판자는 모든 것을 아는 것처럼 보인다.

그가 하는 말을 들어보도록 하자.

- "너는 쓸모없어. 실수투성이에 약하고 더러워. 다 네 탓이야."
- "너는 대책이 없는 인간이야. 멍청하고 무기력해."
- "너는 사랑받을 자격도 없고 행복해질 자격도 없어. 아니, 살 가치도
  없어."
- "너는 불필요한 존재야."

이 말들은 모두가 잔인하고 사람의 기를 꺾는 말이다. 이것들은 한마디로 "하지 마!" 메시지라고 할 수 있는데, 우리가 타인의 신경을 거슬렀을 때 그들한테서 듣게 되는 말 중에서 가장 듣기 괴로운 말들이다.

우리 자아 체계 내의 통제자, 완벽주의자, 닦달하는 자와 남의 눈치를 보는 자는 에릭슨의 발달 이론에 나오는 내용과 관계있지만, 이 심판자는 아무런 관련이 없다. 이 심판자는 우리에게 상처를 주는 말들, 가혹한 비난들, **선의**로 하는 충고들, 어린 시절에 내내 참아내야 했던 본능적인 욕구들을 모두 다 합친 것 이상의 존재다. 우리는 이 심판자를 자신의 일부로 받아들인다. 이것도 심리학 용어로 '내사'라고 하며, 우리가 외부의 정보를 무의식적으로 받아들이는 심리적 과정이다. 내사를 뜻하는 단어 introjection은 라틴어 intro에서 비롯되었는데, 그 어원을 번역하면 '들어가다'라는 뜻이다.

내사에 대해 좀 더 자세히 설명하면, 내사에는 우리에게 도움이 되는 내사가 있고 도움이 되지 않는 내사도 있다.

우리는 태어나자마자 세상을 이해하려고 하며, 살아남고자 최대한 적응하려고 노력한다. 우리는 다양한 자아 상태를 지니게 되는데, 이는 우리가 사회생활을 통해서 형성한 관계를 기반으로 만들어진다. 우리는 이 관계에 대한 경험을 내면화하고, 이 관계를 형성할 때와 비슷한 상황이 오면 과거의 관계에 대한 경험을 현재에 그대로 적용한다.

우리 안에 다양한 자아 상태가 형성되는 것은 내사의 결과로 볼 수 있다. 이를 좀 더 잘 이해하려면 다음의 사항들을 잘 구별해야 한다.

- 자아와 초자아를 형성하는 데에 영향을 미치는 일반적이고 무의식적인 역할 학습으로서의 내사
- 방어기제로서의 내사
- 생존을 위한, 트라우마 극복 전략으로서의 내사. 정신분석학 용어로는 '공격자와의 동일시'identification with aggressor'라고 함.

'공격자와의 동일시'라는 개념은 현대의 복합적 트라우마 치료 분야에서 나온 개념이다. 이는 원래 희생자가 가해자에 대해 느끼는 감정을 표현하는 말이었지만, 현재는 어떤 사람이 절대적으로 무기력한 상태에 있거나 모든 의욕을 잃었거나 죽음에 대해 공포를 느끼는 경우에 생존을 위해서 택하는 적응방식을 뜻한다. 현재 또는 과거의 어느 한 시점에서 그저 생존을 위해 잠시 필요했던 적응방식이 어느새 삶의 주요한 적응방식이 되어버려, 성인의 내면에서 폭군과 같은 자아로 기능하는 경우도 있다(이에 관해서는 참고문헌 중 파이힐의 2013년도 논문을 참조하라).

이 책에서는 우선 앞의 두 설명을 주로 다루려고 한다. 곧 학대나 방치, 영혼의 파괴와는 상관이 없는, 어린 시절에 일어나는 일반적

인 내사에 관한 것이다.

아이를 양육하는 부모가 믿을 만하고 흔들림 없이 존경할 만하고 자애로우면, 이러한 좋은 특성들은 아이들의 마음에 '영양분'을 주게 된다. 그러면 아이들은 부모의 생각이나 태도, 그리고 말이나 규범을 내면화하여, 어른이 되고 나서도 스스로를 잘 돌볼 줄 안다. 이렇게 양육된 아이의 내면에는 순종하는 마음과 도덕과 양심이 자리 잡는다. 이렇게 내면화된 의무에 반하여 죄책감이나 부끄러운 마음(양심의 가책)이 자라난다. 사춘기 시절에는 주목받고자 하는 욕구가 반항과 같은 형태로 나타날 수도 있다. 자아가 더욱 성숙해지고 초자아가 더욱 강해지는 것은 금방 알 수 있다. 어른들의 기준과 규칙을 따르면 인정을 받게 되며 이는 아이들의 자아를 강화한다. 이에 관한 이야기는 이미 에릭슨의 발달 단계에서 다룬 적이 있다.

그러나 만약 양육자가 계속해서 스트레스를 받아 아이들을 무분별하게 벌주고 기를 꺾는 말을 하면서 귀찮은 존재로 대한다면 어떻게 될까? 우리는 우리에 대한 평가를 그대로 받아들인다. 그리고 이와 같은 평가가 계속해서 반복되면 결국 외부에서 내린 평가를 마치 자신이 내린 평가로 생각하게 된다. "그래, 우리는 못됐어.", "그래, 우리는 실망스러운 존재야." 처음에는 "**너**는 멍청하고 아무도 **너**를 좋아하지 않아."라는 우리 어머니 또는 아버지의 말을 받아들인다. 이후에 우리는 이것을 "**나**는 멍청하고 아무도 **나**를 좋아하지 않아."

로 내면화한다.

외부의 말을 내부의 말로 바꾸는 과정에서 심판자가 생겨나는데, 그는 앞에서 언급한 다른 모든 내면의 비판자들을 뒷받침하는 역할을 하며 그들의 발언 탓에 벌어지는 갈등을 증폭한다. 그는 다른 내면의 비판자들이 하는 모든 말을 극단적인 발언으로 몰아간다. 어떤 사람이 생존을 위해 의지했던 양육자에게 오랫동안 배척당하거나 비난받았다면 그의 내면에 있는 비판자들은 부정적인 말을 특히 더 많이 한다. 이와 같은 이유에서 결국 심판자가 다른 모든 내면의 비판자들보다 우위에 있다는 것이다.

이것으로 이번 장의 내용을 마치고자 한다.

6장

내면의 비판자는 누구에게 말을 거는가?

자, 지금까지는 딱딱한 학술적 내용을 다루었다. 이제 다시 한 번 그 내용을 알기 쉽게 요약해보려고 한다. 그러고 나서 새로운 내용을 다루기로 하자.

우리는 우리에게 가끔 도움을 주기도 하지만 대부분은 짜증을 일으키는 내면의 목소리들을 알고 있다. 이 목소리들은 우리 행동과 태도를 조정한다. 우리는 이들을 '내면의 비판자'라고 부른다. 내면의 비판자들은 마치 우리 머릿속에 살고 있는 것처럼 느껴지며, 때로는 나지막하고 친절한 목소리로 우리에게 속삭이기도 하고, 때로는 공격적이고 비난하는 목소리로 우리를 압박하고 명령을 내리기도 한다. 이들은 마치 우리의 생각이나 감정이나 행동을 다 지켜보고 있는 듯한 느낌을 준다.

* 다양한 비판자의 형성과 기능 및 그들의 명령

에릭슨의 발달 단계에 따른 발달 과업	내면의 비판자	기능	명령
신뢰 대 불신 **유아기**		스스로 만족시키기	
자아통제 대 수치심 **유아기**	통제자	부끄러움과 자기의심 으로부터의 보호	"너는 모든 것을 통제해야만 해."
주도성 대 죄책감 **아동기**	완벽주의자	죄책감으로부터의 보호	"모든 것을 완벽하게 해야 해."
근면성 대 열등감 **취학기**	닦달하는 자	열등감으로부터의 보호	"더 빨리 해."
정체성 대 정체성 혼란 **청년기**	남의 눈치를 보는 자	고립으로부터의 보호	"다른 사람들을 모두 만족시켜야 해."
어른들의 요구와 문화의 내사	심판자	상처와 외부 평가 로부터의 보호	"흠 잡힐 행동을 하면 안 돼."

내면의 비판자들이 하는 말을 자세히 들어보면 그들이 말하는 분야가 각각 다 다르다는 점을 알 수 있다. 우리는 그들을 마치 통제자, 완벽주의자, 닦달하는 자, 남의 눈치를 보는 자, 그리고 심판자 등과 같이 다양한 배역을 맡은 인물로 상상한다. 이러한 내면의 부분자아들은 유아기부터 성인기에 이르는 동안 형성되었으며 우리가 속한 세상과 대면하는 과정에서 두드러지게 나타난다. 내면의 비판

자들은 그때마다 우리가 세상에 적응할 수 있게끔 도와주는 역할을 했다. 내면의 비판자들이 보이는 네 가지 유형은 정상적인 발달 과정의 결과로 나타나며, 양육자와의 관계가 좋지 않았던 경우에는 특히 더 예민한 성향을 나타낸다. 그러나 민약 양육자가 오랜 시간 아주 여러 차례 아이를 부정적으로 대했다면, 아이가 두려움과 무력감을 느낀 나머지 어른 양육자의 평가를 자기 내부로 받아들여 그 평가를 마치 자신이 내린 것처럼 느낀다. 한마디로 다른 사람들이 자신에 대해 내리는 평가를 맹목적으로 받아들이게 된다는 것이다.

앞에 나오는 표는 우리가 지금까지 다루었던 내면의 비판자들에 대한 내용을 에릭슨의 발달 단계에 따라 정리한 것이다. 표는 에릭슨의 발달 단계에 따라 어떤 내면의 비판자들이 형성되고 그들이 어떤 기능을 하며 어떤 말을 주로 하는지를 요약해서 보여주고 있다.

자, 이제 당신에게 집중하도록 하겠다. 혹시 이 책의 부록에 수록된 설문지인 '당신 내면의 비판자'를 풀어본 결과 어떤 유형이 **가장 두드러진 내면의 비판자**인지 알 수 있었는가? 혹시 당신 내면의 여러 비판자가 서로 단합하여 한꺼번에 당신을 압박하거나, 아니면 차례대로 압박하지는 않았는가?

내면의 비판자들이 하는 말을 적어보기 바란다. 이 책의 맨 뒤쪽에는 빈칸에 내면의 비판자 명칭을 적는 칸이 있다. 나중에 그 칸을

채우고자 한다면 지금 미리 해야 할 일이 있다.

만약 내면의 비판자들에 대한 개념이 아직 모호하다면 부록에 수록된 내용을 몇 쪽 읽어보고 이 책 도입부에서 내준 과제인 '당신 내면의 비판자들' 설문지를 먼저 작성해보기 바란다.

자, 이제 당신이 내면의 비판자들과 그들의 역할을 확실하게 이해했으리라고 생각한다. 이제부터 첫 번째 훈련으로 들어가보자.

당신이 최근 겪은 일들 중에서 당신 내면의 비판자 때문에 속상했던 순간을 떠올려보기 바란다. 아마 당신은 그 내면의 비판자 때문에 잠 못 이루고 몇 날 며칠을 골머리를 앓았을지도 모른다. 그러한 상황이 눈앞에 펼쳐지는가? 때로는 이런 순간이 눈앞에 즉각 펼쳐지기도 하지만 때로는 오랜 시간이 걸리기도 한다.

그런 순간이 있는가? 좋다. 그 순간을 눈앞에 그려보되 당신이 안정감을 느낄 수 있도록 일정한 거리를 두고 떨어져서 보라. 그 상황이 마치 텔레비전 화면처럼 당신 눈앞에 펼쳐진다고 상상하고, 개입하지는 말고 그저 관찰하기만 하라.

어떤 일이 일어났는가? 내면의 비판자는 뭐라고 하던가? 그리고 이때 당신 기분은 어떠했는가? 당신 몸의 어느 부위에서 감각이 느껴졌는가?

다 끝났다면 다시 이야기를 이어가도록 하자.

내면의 비판자들은 흔히 매우 강력한 힘을 지닌 것처럼 여겨지지만, 조금만 더 생각해보면 이들에게 아무런 힘이 없음을 알 수 있다. 내면의 비판자들은 그들의 압박이나 평가 등을 뒷받침해주고 그들의 말을 행동으로 옮겨줄 수 있는 대상을 안에서 찾는다. 내면의 비판자들은 엄청나게 큰 권력을 지닌 존재들처럼 보이지만 우리가 그들에게 주는 권한만큼만 영향력을 행사할 수 있다는 사실이 흥미롭지 않은가?

이러한 사실로부터 이끌어낼 수 있는 질문은 다음과 같다. 내면의 비판자들은 도대체 누구와 대화하는가? 성인 남자 또는 성인 여자인 당신과 대화하는가, 아니면 예순 살이 넘은 남성인 나와 대화하는가? 이에 대한 대답은 '그렇다'와 '아니다', 또는 둘 다 될 수가 있다. 예를 들어 설명해보겠다. 잠시 편안하게 뒤로 기대어 긴장을 풀기 바란다. 이제 나의 정신세계에 대한 이야기를 하려고 하는데, 당신은 그저 바라보기만 하면 된다(이 모든 것은 왜 일어나는가. 이 이야기의 반은 사실이고 반은 허구다). 사실 나에 대한 이야기는 그리 특별한 게 아니라서 당신은 흥미를 크게 느끼지 못할지도 모르겠다.

개인적인 이야기

나는 언젠가 남아프리카의 볼테마데 하르트만Woltemade Hartman 박사에게서 이메일을 받은 적이 있다. 그는 내게 남아프리카 공화국의 수도 프리토리아에서 열리는 자아 상태 치료Ego-State Therapy에 관한 세계학술대회에서 강연해줄 수 있겠느냐고 문의해왔다. 그것도 영어로. 처음에는 깜짝 놀랐다.

볼테마데 박사는 내가 속한 자아 상태 치료 분야의 스승이자 프리토리아에 있는 밀턴 에릭슨Milton Erickson 연구소의 대표였고, 나는 그에게서 많은 가르침을 얻었다. 나는 강연자로 초대받은 것이 자랑스러워서 살짝 흥분되기도 했지만, 바윗덩어리가 가슴을 짓누르는 기분이었다. 어떻게 하면 좋을까? 내가 과연 강연을 할 수 있을까? 그것도 영어로?

나는 며칠 밤을 뜬눈으로 보내면서 강연 초대를 거절할 구실만 계속해서 찾았다. 그러다 내면에서 울리는 목소리를 들었다. "너는 강연을 할 수 없어. 발표할 만한 흥미로운 연구도 없잖아. 게다가 네 영어 실력은 아주 끔찍해." 그러면서 다 큰 어른인 요헨은 다음과 같이 생각했다. '긴장되니까 불편해. 아무도 내 말을 듣지 않을 거야.'

나는 내 안에서 '무언가를 욕망하는 것'과 '자신에게 무언가를 금지하는 것' 사이에서 내적 갈등에 휩싸였다. 그리고 결국 "네가 어떤 일을 하려면 완벽하게 해야만 해. 만약 그러지 않고 실패하면 너는 심하게 자책하게 될 거야."라는 내면의 목소리를 받아들였다. 내 안의 완벽주의자는 나를 더욱 압박했고, 결국 나는 모든 것을 완벽하게 준비하기 시작했다. 나는 파워포인트 자료를 만들었고 강연 원고를 영어로 정확하게 옮겼으며 강사에게 영어 과외를 받았다. 그때의 내 심정은 이랬다.

"그게 뭐야. 아직 멀었어. 좀 더 열심히 하든가, 아니면 아예 집어치워, 이 멍청아." 완벽주의자의 목소리였다.

나는 강연 준비에 열심히 매달렸지만 시간이 갈수록 고치고 싶은 것들이 자꾸만 늘어났다. 나는 왠지 모르게 불안하면서도 내심으로 강연을 무사히 마칠 것이라고 확신하고 있었다. 내 안에서 냉정하게 지적하는 완벽주의자의 말을 잘 따른다면 실수를 저지르지 않으리라 생각했고, 그러자 약간 안심이 되면서 긴장이 풀어졌다. "내가 시키는 대로만 잘 따라오면 너에게 보상을 줄 거야." 완벽주의자의 말 덕분에 나는 어느 정도 힘을 낼 수 있었다.

그러나 얼마 지나지 않아 다음과 같은 질문을 스스로 던지게 되었다. "너는 평생 여러 차례 강연을 했고 휴가철에는 그럭저럭 무리 없이 영어로 의사소통도 잘하는데, 도대체 왜 그러는 거야. 이 모든 두려움과 스트레스의 원인은 뭐야?"

이런 생각으로 머리가 복잡하던 참에 아내가 이렇게 질문했다.

"도대체 누가 걱정에 빠진 걸까요? 다 큰 어른인 요헨은 아마 아닐 거예요. 요헨은 그가 무엇을 할 수 있고 무엇을 할 수 없는지를 잘 알아요. 강연 준비를 철저히 한다면 아무런 문제가 없을 거라는 것도 잘 알잖아요. 내면의 완벽주의자는 도대체 누구와 말을 나누는 거죠?"

나는 내면의 완벽주의자가 예순 살이 넘은 어른과 대화하는 것이 아님을 금방 알 수 있었다. 내 안의 어떤 부분이 볼테마데 박사의 초대에 즉각 반응을 보였을까? 나는 왜 온갖 불안한 감정을 느꼈던 걸까?

나는 내가 배운 부분치료법을 나 자신에게 적용하여, 다른 사람들 앞에서 말하고 '대중적으로' 알려지는 것을 꺼리는 데에서 오는 부끄러움을, 두려워하는 마음이 어디서 비롯되었을까 하고 찾아보려고 애썼다. 그러자 열두 살짜리 어린 요헨과 그가 암송했던 시 〈달이 떴네〉가 갑자기 떠올랐다.

"나는 〈달이 떴네〉라는 시를 제대로 암송하지 못했던 열두 살 때처럼 어떤 일에 실패할까 봐 몹시 두려워하고 있어." 열두 살짜리 요헨 이야기다.

이렇게 해서 나는 내 안의 완벽주의자가 다 큰 어른인 나에게 어떤 말을 하는 게 아니라 내 안의 어린아이, 즉 당시에 부끄러움을 느껐던 열두 살짜리 요헨에게 말하고 있음을 알게 되었다. 이러한 통찰은 강연을 준비할 당시 내가 느꼈던 감정을 더 잘 이해하는 데에 크게 도움이 되었다.

한 가지 덧붙이자면 그 강연은 성공적으로 잘 마쳤다. 나는 강연하러 가기 전에 내 안의 열두 살짜리 요헨에게 지금은 어른인 요헨이 강연하러 가야 하니까 나를 따라오지 말고 그냥 호텔에서 편히 쉬고 있으라고 말했다. 나는 어른들이 어디 나가기 전에 꼭 다시 오겠다고 말하며 아이를 안심시키듯 내 안의 어린 요헨을 잘 달래주었다.

내 개인적인 경험을 통해 당신에게 말하고자 하는 것은 무엇일까? 또한 우리가 다루는 주제와 관련된 내용은 과연 무엇일까?

내면의 비판자와 비난받은 내면 아이와의
관계에 대한 일반적인 의견들

내면의 비판자는 누구를 비난하고 누구를 따르는가? 관찰자의 위치로 잠시 물러나서 아무런 가치평가나 판단 없이 그저 호기심을 품고 주의를 기울인 채 내면 전체를 들여다보면, 내면의 비판자가 어른을 상대로 말하지 않는다는 점은 금방 알아차릴 수 있다. "너는 무조건 150퍼센트 완벽해야만 하는 존재야."라는 말은 성인이 된 지금은 전혀 공감할 수 없는 말이고 나는 이 말에 금세 반박할 수도 있다. 나는 내면의 비판자들이 뭐라고 하든지 비슷한 반응을 보일 것이다. 당신도 한번 해보기 바란다. "모든 일을 다 해내려면 무조건 서둘러라.", "나는 다른 사람 모두를 다 만족시켜야만 해." 이런 말들은 정말 우습지 않은가.

그러나 내 안에서 이런 말을 듣고 놀라서 움츠려들거나 어쩔 줄 몰라 하는 이는 도대체 누구일까?

우리가 만약 내면의 비판자들에게 존경과 연민을 보인다면 이는 내면의 비판자들한테 비난을 받고 있는 대상들에게도 똑같이 적용해야 할 것이다. 비난받는 내면의 자아는 부끄러워하고 화내고 죄책감을 느끼고 분노하고 반항심을 느끼며 자신이 무시당했다고 생각한다. 나는 이러한 내면의 자아를 '비난받은 내면 아이'라고 부른다.

내면의 비판자에게 비난받은 부분자아는 우리 어린 시절의 자아 상태를 보여준다. 이 어린 시절의 자아는 한때 사랑받지 못할 위험에 처한 적이 있거나 실제로 사랑받지 못했던 경험이 있다. 그리고 커다란 배신감을 느끼거나 상처를 입어 무기력한 기분을 느낀 적이 있다.

어린아이는 초기의 갈등 상황을 경험하고 나서 이를 자아 상태에 반영한다. 어린 시절의 어려운 상황에서 겪었던 모든 경험, 즉 생각·느낌·신체 반응은 그대로 다 각인된다. 어린아이가 택할 수 있는 적응 전략은 외부의 요구사항들을 내면화하여 압력을 견뎌내는 것이다. 어린아이는 다음과 같이 단순하게 생각한다. "다른 사람들이 원하는 대로 생각하고 행동하면 그들이 나를 다시 좋아하겠지." 이렇게 해서 어린아이가 무기력한 상황에서 벗어나려고 할 때 내면의 비판자들이 생겨나는 것이다.

앞에서 이미 언급했다시피 외부로부터 억지로 주입되는 내용들(예를 들어 아버지가 아이에게 "너는 너무 서툴러. 아무것도 손대지 마, 이 바보야!" 하는 식으로 가혹하게 말하는 것)은 우리의 심리적 공간 속으로 파고든다. 내사는 외부로부터 얻은 정보를 그대로 반영하는 것뿐만 아니라 하나의 생존 전략이 되기도 한다. 내사는 처음에는 상처받은 내면 아이를 보호하는 역할을 하며, 이후에는 상처받는 것, 부끄러움을 느끼는 것, 관계가 단절되는 것 등을 최소화하거나 예방하는 역할을 하기도 한다. 일단 뇌 안에 들어온 정보는 저장되고 확장되며, 이와 관계된 신경조직은 강화된다.

우리는 나이가 들어가면서 여러 해 동안 외부의 목소리들, 우리의 충동적인 행동이나 태도에 대한 비판·평가를 내면화한다. 이 모든 것은 내면의 비판자들과 심판자가 하는 말들이 된다. 그들의 역할은 우리를 둘러싼 세상의 모든 규칙과 요구를 커다란 법전에 다 기록해서 우리가 그 법규들을 어기지 않도록 끊임없이 경고하는 일이다. 역설적이게도 이러한 내면의 비판자들이 내는 목소리는 갈수록 더 커지고 그들이 요구하는 것들이 외부에서 실제로 요구하는 내용보다 훨씬 더 강해진다는 것이다. 우리는 자신을 감정적으로 더 몰아붙이고 때로는 신체적으로도 더 피곤하게 한다. 예를 들어 우리는 자신을 함부로 대한다거나 자해한다거나 어떤 것에 중독되기도 한다. 원래 우리를 보호하고자 했던 내면의 비판자들이 이제는 파괴자로 돌변하기도 하는 것이다.

이쯤에서 이 순환고리를 바꿔보자. 우리는 지금까지 다음과 같이 생각하며 살았다. "나는 여러 해 동안 가혹하고 부정적인 평가를 내리는 부분자아랑 살고 있어서 이처럼 고통받고 있어." 물론 맞는 말이다. 그러나 다음의 말도 맞는 말이다. "나는 사랑을 잃는 것을 두려워하고, 다른 사람과 관계가 악화되는 것을 두려워하고 부끄러운 일을 당하는 것을 두려워하며 새로운 심리적 상처를 받는 것을 두려워하는 상처받은 내면 아이를 품고 있기 때문에 나를 보호해줄 수 있을 만큼 강력한 목소리를 지닌 내면의 비판자가 필요해. 만약 내가 원하는 것, 이를테면 조건 없는 사랑을 받는 것을 혼자 힘으로 얻을 수 없다면, 이 소원을 포기하지 않기 위해서라도 내면의 비판자들이 필요해." 이런 관점으로 보자면 가까운 관계 속에서 안정감과 연대감을 느끼는 데에 문제가 있을 때에는 내면의 비판자를 탓하기보다 먼저 상처받은 어린 자아에게서 그 원인을 찾는 것이 더 빠를 것이다.

내 사례를 들어 이 점을 다시 한 번 요약해보자. 내가 볼테마데 박사의 강연 요청을 수락했을 때 내 안에는 최소한 두 개의 문제점이 중요한 역할을 하였다.

- 강연 요청을 수락하던 당시 상황과 50년 전의 상황이 비슷해서(많은 사람들 앞에서 말하기, 비난에 대한 두려움, 망신, 나랑 아무런 상관이 없는 사람이 나에게서 등을 돌렸던 일 등) 내 안의 내면 아이는 깨어났다. 그리고 어른 요헨은 어린 시절의 상황과 현재의 상황을 혼동했다. 다시 말해 어린 시절에 경험했던 일을 바탕으로 현재의 상황을 인식하고 판단했다. 즉, 어른이 된 요헨은 자신을 어린 요헨으로 착각했던 것이다.
- 어린 시절에 사용했던 문제 해결 방법("좀 더 노력해서 완벽하게 준비하면 아무런 문제도 생기지 않을 거야.")이 생각났던 순간이 바로 내 안의 완벽주의자가 깨어난 순간이다. 그는 내가 강연을 잘 준비할 수 있게 했다.

1962년 12월, 내가 열두 살이었을 때 겪은 일을 들려주겠다. 그때 독일어 중간고사 시험은 반 학생들 앞에 나가 마티아스 클라우디우스Matthias Claudius의 시 〈달이 떴네〉를 암송하는 것이었다. 내 차례가 되었고, 나는 첫 부분은 막힘없이 잘 암송했다. 그러나 "어둠 속으로 숨어 침묵을 지키네." 부분에서 막혔다. "앉아, 파이힐. 점수는

6점이야." 내가 그토록 존경했던 독일어 선생님은 나를 안쓰럽게 쳐다보았고 같은 반 친구들은 야유를 보내며 웃었다. 나는 풀이 죽어 내 자리로 돌아왔다. 집에 돌아와서는 엄마한테서 또 다른 비난의 말을 들어야 했다. "그렇게 적당히 놀고 책상 앞에 앉아서 제대로 공부했더라면 좋았잖아." 곧이어 아버지도 한마디 했다. "이제 더는 봐주면 안 되겠어. 내가 직접 가르칠 거야. 그 시를 거꾸로 암송할 때까지 계속해서 외우도록 해. 축구는 이제부터 금지야." 세상에 이런 일이! 내가 사랑하고 의지했던(그리고 살아가는 데에 꼭 필요했던) 모든 이가 어느 날 갑자기 나한테서 등을 돌리려 하고 있다! 이러한 위기 상황 속에서 나는 내면에서 나오는 소리를 들을 수 있었다. "너는 모든 것을 완벽히 해내야 해. 그렇게 해야만 망신당하지 않고 교실에서 네 자리로 비참하게 돌아오지 않을 수 있어." 이때부터 내 안에는 완벽주의자가 살게 되었다. 이 일로 치러야 할 대가는 그리 크지는 않았다. 나는 친구들과 밖에서 노는 시간이 조금 줄어들었고 그래서 간혹 외로운 기분이 들기도 했다.

당신은 내 사례를 통해 다음과 같은 사실을 확실히 깨달았을 것이다. 내면의 비판자들이 우리 안에서 어떤 방식으로 작용하고 어떤 말을 사용하며 왜 지금까지도 그토록 강한 영향력을 행사하는지를 이해하려면, 그 내면의 비판자들이 생겨났던 시점으로 돌아가봐야 한다는 것이다. 이와 관련이 있는 것은 우리 안에 아직 어린아이의 상태로 머물러 있는 두 개의 부분자아다. 이들은 발달 단계의 초기에 정신적인 위기 상황을 겪을 때 생겼다. 이들의 부정적인 측면은 현재를 과거와 바꾸어서 인식한다는 것이다.

그 당시에는 내면의 비판자들이 우리 생존 전략의 일부였다. 그들은 우리를 새롭게 발생한 부끄러운 상황이나 죄책감, 홀로 남겨질지 모른다는 불안감으로부터 보호해주는 존재였다. 즉, 내면의 비판자들은 선의를 품은 존재들이었다. 이에 대해서는 다음 장에서 다루기로 한다.

7장

비판자의 목소리
또는 '선의'라는 개념

나는 내면의 비판자들이 요구하거나 명령하기를 멈추는 것은 오직 그것이 시작된 시점에서 무엇인가가 달라져야만 가능하다고 생각한다. 내 경우에는 내가 앞에서 언급했던 시점, 즉 '부끄러워하는 요헨'으로 돌아가서 어떤 변화가 일어나야만 가능하다는 것이다.

생각의 자동항법 장치를 끄려면 수많은 경험과 자신에 대한 믿음이 있어야 한다. 이를테면 생각의 비행기를 직접 구름 사이로 조종할 줄 알아야 한다는 것이다. 그래서 나는 심리치료를 하더라도 그토록 많은 내면의 비판자가 없어지지 않거나 최소한 줄어들지 않는 이유를 다음과 같이 생각한다. 오늘날 심리치료 과정에서 내면의 비판자들이 지닌 영향력이 너무나도 과소평가되고 중요하지 않게 다루어지고 있다. 그러나 사실 이들에 대해서도 큰 비중을 두어야 한다.

우리는 내면의 비판자들을 자신의 정체성으로 인식하거나("나는 이번에도 정말 엄청난 바보짓을 했어") 반대로 비판자들에게서 받는 비난의 대상을 자기 정체성으로 인식한다("나는 기분이 썩 좋지 않아"). 이 둘은 계속해서 끊임없이 서로 그 역할을 맞바꾼다. 비난하고 비난받는 역할의 교착 상태에서 빠져나오는 유일한 길은 제3자의 위치, 즉 어른 관찰자의 위치에서 모든 상황을 바라보는 것이다.

이에 대해서는 나중에 다시 다룰 예정이다. 이번 장에서는 우선 내면의 비판자들에 관하여 긍정적인 이야기를 해보자. 여기서 명심해야 할 점은 끔찍해 보이고 거친 말을 하며 우리 신경을 거스르게 하는 것이라고 해서 모두 없애버려야만 하는 것은 아니라는 점이다.

선의

우리를 괴롭히는 증상에서 벗어나려고 하는 것은 무척이나 당연한 일이다. 우리는 "왜 하필이면 친구랑 영화관에 가려고 할 때마다 편두통이 생길까?" 또는 "왜 나는 밤에 외출하려고만 하면 불안한 마음이 들고 그것 때문에 항상 외로움을 느끼게 될까?"와 같은 질문을 한다. 왜? 왜? 왜? 내면에서 심리분석가 역할을 하는 부분자아는 이럴 때 당신의 과거에 대해 알아보려고 할 것이다. 당신이 현재 부모 또는 형제자매와 어떠한 갈등을 겪고 있는지, 아니면 큰 관심을 받지 못하고 자랐는지, 부모와 함께 살 때의 생활은 어떠했는지, 그리고 부모한테서 충분하게 사랑받았는지 등에 대해서 물어보려고 할 것이다. 우리가 왜 이러한 증상에 시달리는지를 설명하는 데에는 과거를 알아보는 것이 도움이 될 수 있다. 그렇게 하면 대부분 그 원인을 찾아낼 수도 있다.

나는 이 방법을 정신분석가로 왕성하게 활동하던 시기에 오랫동안 사용해왔으나 요즘에 들어서는 이 방법에 최소한 두 가지 이상의 단점이 있다고 생각한다.

1. 과거에 대해 탐색하는 것은 매우 모호한 일이다. 자칫하면 어떤 결과의 원인을 억지로 만들어낼 수도 있다.
2. 내가 만일 당신에 대해 "당신의 어머니가 동생을 더 사랑했기 때문에 당신은 ~하다."라고 말한다면 나는 이 말 자체로 당신을 과거 사실의 희생양으로 만들어버리게 된다.

과거는 이미 흘러간 것이고 이제 다시 바꿀 수는 없다. 이것은 당신의 증상을 완화하는 데에 별다른 도움이 되지 않는다. 그렇지 않은가?

내 안의 또 다른 치료자는 이제 완전히 다른 질문을 던진다. 나는 더는 "당신은 **왜** 그와 같은 증상을 보이나요?"라고 묻지 않고 "당신의 문제, 증상은 **무슨 목적**으로 존재하는 걸까요?"라고 묻는다. 이렇게 질문함으로써 우리는 과거가 아닌 현재에 집중할 수 있다. 그리고 이렇게 하면 어떤 변화를 이루어낼 수 있다. 이제 당신과 나의 내면에 존재하는 내면의 비판자들을 전체적으로 바라보도록 하자.

나에게 치료받으러 오는 내담자들은 대부분 매우 우울하고 위축된 상태다. 그들은 내면의 비판자들과 부분자아들에 대한 설명을 듣고 나면 자신들 역시 내면의 비판자들한테 닦달질을 당하고 무시당하며 크게 비난받는 것 같은 느낌이 든다고 말한다. 그것은 무척이나 당연한 일이다. 왜냐하면 이런 부정적인 사고체계는 수년 또는 수십 년간 이어져왔기 때문이다.

일상생활에서도 그렇지만 심리치료를 하는 과정에서는 내부의 이러한 닦달하는 자, 비난하는 자, 실수를 지적하는 자들이 심하게 방해가 된다. 이들은 보통 내담자에게 자신을 깎아내리게 하거나 감정의 기복이 심하고, 또는 자신을 믿지 못하게 한다. 그렇기에 심리치료를 하는 사람이나 환자 모두 내면의 비판자들과 '짜증 나게 하는 자'들을 전부 무시하려고 한다. 이는 충분히 이해할 수 있는 일이다. 내면의 비판자들은 대부분 기분 나쁜 압력을 가하며, 우리에게 도움을 주는 친구라기보다는 오히려 적에 더 가까운 듯하다.

정신분석학적으로 내면의 비판자들을 **적 그 자체**로 파악하는 관점에서 보자면 그들을 완전히 없애버리거나 외부로 풀어내버리는 것

(이를테면 심리치료사들에게 전이하는 것) 외에는 달리 치유할 방법이 없다.

나는 내면의 비판자들과 관련된 증상을 다룰 때 최면요법을 응용하고 있다. 그렇게 하면 완전히 다른 시각에서 증상을 다룰 수 있다. 나는 앞에서 이미 **무슨 목적으로** 존재하느냐라는 질문을 통해 과거가 아닌 현재에 집중하는 시각을 소개한 바 있다. 내가 최면요법 치료사들한테서 배운 생각은 군터 슈미트Gunther Schmidt의 문장 속에 잘 압축되어 있다.

증상 자체가 문제가 아니라
해결책을 찾는 것이 문제다

이런 관점으로 보자면 내부에서 비난하는 자, 실수를 지적하는 자, 낙담하게 하는 자 등이 하는 말들은 그저 수많은 다른 증상(예를 들어 불안 상태, 설사, 두통 등)과 별반 다르지 않다. 나는 이에 대해 좀 더 자세히 설명하려고 한다.

혹시 잠시 휴식이 필요하다고 느낀다면 조금 쉬었다 가도 좋다. 하고 싶은 대로 편하게 행동하면 된다. 만약 준비가 되었다면 계속하도록 하자.

시스템적 관점으로 바라본 심리적 증상의 발생 원인

우리가 만약 이제 내면의 비판자들한테서 도망 다니지 않기로 결정하고 용기를 내어 멈춰 서서 천천히 돌아보며 "너는 왜 나를 비난하고 따라다니는 거야?"라고 묻는다면 그들은 아마도 이렇게 대답할 것이다. "왜냐하면 네가 나를 불렀기 때문이야." 뭐라고? 나는 당신의 어리둥절해하는 표정을 상상할 수 있을 것 같다. 이에 대해 설명해보겠다.

'리프레이밍Reframing(관점 바꾸기)'은 유명한 가족치료사인 버지니아 사티어Virginia Satir가 도입한 심리치료 개념이다. 리프레이밍은 어떤 상황을 바라보는 환자의 틀을 바꿔줌으로써 부정적인 시각을 긍정적인 시각으로 변화시키는 것을 의미한다. 이는 심리적 증상이나 경험, 태도를 새로운 관점으로 바라보고 해석하도록 하는 것이다. 군터 슈미트가 2007년 이래로 반복해서 강조한 것은 어떤 경험을 다른 방식으로 표현하는 것 자체가 심리치료에서 막강한 영향력을 이미 행사한다는 것이다. 일상생활의 예를 하나 들어보겠다. "깨진 그릇은 행운을 몰고 온다."라는 독일 속담은 깨진 그릇에 대한 안타까움을 긍정적으로 바꾸어서 표현하고 있다. 깨진 그릇(손실)이 더 높은 가치(행복)를 충족시키는 데에 필요한 긍정적인 요인이라는 것이다.

우리가 만약 어떤 특정한 증상, 이를테면 두려움이나, 밤마다 찾아오는 두통, 내면에서 끊임없이 반복되는 "너는 정말 바보 같고 창피한 존재야."라는 목소리를 부정적으로 여기고 부적당한 존재로 치부해버린다면, 이러한 마음가짐 그 자체가 문제가 된다. 왜냐고? 왜냐하면 우리가 이러한 증상을 없애버리거나 피하기 위해 너무나 많은 시간과 에너지를 낭비하게 되기 때문이다. 우리는 이를 다음과 같은 말로 표현할 수 있다. "어떤 증상을 더 강화하려거든 계속해서 그 증상을 없애려고 노력하라." 어떤 문제를 해결하려고 애쓰면 애쓸수록 결국 그 노력 자체가 문제가 될 수 있다는 것이다. 우리는 결국 지쳐버리고 변한 것은 아무것도 없다는 사실을 알게 된다.

그러나 어떤 심리적 증상을 없애려고 애쓰기보다는 이를 새로운 관점으로 바라보려고 노력한다면, 이런 노력이 어떤 면에서 아주 유익하다는 점과 문제 해결의 실마리를 제공해준다는 점을 알게 되고, 그럼으로써 심리적 증상 속에서 긍정적인 측면을 발견할 수 있다. 이렇듯 관점을 바꾸면 지금까지 피해야만 하는 것으로 여겨지던 심리적 증상을 새로운 정보나 능력의 원천으로 바라보고 문제를 해결할 수 있게 되기도 한다. 즉, 리프레이밍의 단계를 거치면 심리적 증상도 긍정적인 작용을 할 수 있게 되는 것이다.

긍정적인 의도, 또는 **선의**에 관한 내용은 천재적인 정신분석학자 밀턴 에릭슨(1901~1980, 미국의 심리학자이자 현대 최면치료의 대가로,

최면치료에서 사용하는 방법을 심리치료에도 적용했다)에게서 크게 영향받은 다양한 학파의 심리치료사들 사이에서 자주 언급된다. 존 왓킨스와 헬렌 왓킨스가 도입한 부분자아 개념과 자아 상태 치료 또한 우리 무의식의 모든 **부분**이 긍정적인 역할을 담당하고 있음을 전제로 한다. 나도 이들과 같은 학파이므로 동일한 생각을 하고 있다. 여기에서 가정하는 것은 당신이 말하고 행동하는 근원에는 긍정적인 의도가 있다는 것이다. 선의라는 개념은 최면치료에서 기본적인 도구로 사용된다.

그러나 우리가 현재 모든 (원치 않는) 심리적 증상들이 **본래는** 그 이면에 숨은 선의를 보여주는 것이라고 가정한다고 해서, 불평불만을 늘어놓는 것을 그만두어야 한다는 의미는 아니다.

심리적 증상을 없애는 데에 필요한 우리의 희생은 너무나 크다. 우리는 불만을 느끼고 사는 게 재미가 없어지며 심리적 증상에 대해 무방비 상태로 있다고 느끼게 된다. 즉, 어떤 일이 나의 의사와는 전혀 상관없이 일어나고 내가 그에 대해 아무런 대응도 할 수 없다고 느껴지는 것이다.

이러한 지식을 바탕으로 내면의 비판자들이 맡은 역할을 다시 한 번 생각해보자. 그리고 이러한 내면의 비판자들 뒤에는 우리 안의 상처 받은 어린 부분자아들이 숨어 있음을 잊지 않도록 하자. 내면의 비판자들은 이 어린 부분자아를 지켜주는 역할을 한다.

그러나 이제 우리가 만약 심리치료사의 위치에서 동정심을 느낀 나머지 상처받은 내면 아이에게 너무 집중하면, 우리는 오히려 환자 내면의 균형을 더 깨뜨리게 된다. 왜냐하면 이러한 상황은 환자 자신이 이미 나쁘게 평가한 내면의 비판자를 치료사가 다시 더 나쁘게 평가하는 것이기 때문이다. 이보다 더 좋은 것은 내면의 비판자들이 생기는 원인에 대해 긍정적으로 설명하는 것이다. 즉, 이들을 바탕으로 환자가 자기 문제를 해결할 수도 있다고 말해주는 것이다.

사실 내면의 비판자들은 단지 **어쩔 수 없는 상태에서 매달리게 되는 해결 전략**일 뿐이다. 군터 슈미트는 이에 대해 "내면의 비판자는 우리가 어떤 특정한 상황에 처했을 때 그에게 기대는 것만이 유일한 대안으로 여겨질 때 나타나는 결과물이다."라고 말했다(2011년 독일 하이델베르크에서 개최한 부분자아 치료학회Teile-Therapie-Tagung의 강연 내용을 참고하라).

당신과 내가 함께 고민해야 할 문제는 우리가 어떻게 하면 우리 내면의 비판자들을 모두 없앨 수 있느냐 하는 것이 아니다. 우리는 차라리 어떻게 하면 우리 안에 있는 내면의 비판자들을 가장 잘 다룰 수 있을까를 고민하는 편이 훨씬 더 나을 것이다.

우리는 우리를 비난하는 내면의 비판자를 우리 편으로 만들 필요가 있다. 물론 이것은 대부분 아주 어려운 일이다. 하지만 우리를 판단하고 비난하며 낙담하게 하는 내면의 비판자들이 품고 있는 **선의**가 과연 무엇인지 안다면 아예 불가능할 것도 없다. 나는 이 장에서 이 부분에 대해 자세히 언급했다. 그리고 내면의 비판자들에게 "너는 **왜** 그렇게 행동하니?"라고 묻기보다는 "너는 **무슨 목적으로** 그렇게 행동하니?"라고 묻는 게 더 낫다는 것도 이미 이야기한 바 있다.

내면의 비판자들이 품고 있는 **선의**를 알아보려면 우선은 무력한 어린아이의 처지가 아닌(성인이 되었음에도 상처받은 어린아이의 처지에서 세상을 바라보는 것을 뜻하는데, 이에 대해서는 다음 장에서 다시 논의하겠다) 성인의 처지에서 조사를 진행할 필요가 있다. 즉, 군터 슈미트가 말하는 "자신을 조절하는 자아.", 그리고 부분자아 치료 분야에서 말하는 어른자아 또는 일상적 자아의 관점에서 조사해야 한다는 뜻이다.

8장

우리 내면의 비난받은 어린아이

앞 장 끝부분에서 나는 "모든 내면의 비판자들 뒤에는 이들이 보호하려는 상처받은 내면 아이가 자리 잡고 있음을 잊지 말아야 한다."라는 내용을 이야기했다. 나는 우리가 상처받고 버림받고 병들고 때로는 학대받은 자아를 더욱 심한 아픔으로부터 보호하고자 우리 내면에 내면의 비판자들을 만들어낸 것으로 확신하고 있다. 내면의 비판자들은 상처받은 어린아이의 마음에 붙이는 반창고 역할을 한다.

어린아이는 자신의 소원과 열망을 달성하려고

자기 안에 내면의 비판자를 만드는데,

이는 기본적으로

사랑받고 보호받고 인정받기 위해서다.

어린 시절에는 생존하려면 외부 비판자들의 시각을 내면화하는 것 외에는 다른 대안이 없었다. 여기서 말하는 외부 비판자들이란 대부분 아버지, 어머니, 그리고 교사들을 가리킨다. 하지만 어른이 되면 이와 다를 수 있다. 그러나 발달 단계 초기의 애착대상인 부모와의 관계에서 충성심 갈등loyalty conflict이 있었던 경우에는 언제나 어린 시절의 욕구를 채우고 싶어 하며 어른이 되고 나서도 어린 시절에 이루지 못한 소원을 어떻게든 이루고 싶어 한다.

오래도록 이어진 이러한 사고 유형은 우리 중뇌(변연계)에서 관장하는 것으로, 우리는 이를 인식하지 못하고 조정할 수도 없다. 또한 이러한 사고 유형은 일종의 규범(무의식의 세계에서 말하는 규범이란 바꿀 수 없는 사실들을 의미한다)이며 언제나 또다시 반복된다. 어른이 된 우리가 만약 내면의 비판자한테서 공격받거나 심판받게 되면 우리 안에는 언제나 이 공격에 대해서 반응하고 즉시 상처받고 슬퍼하거나 자신감을 잃어버리는 또 다른 부분자아가 나타난다. 그리고 이 부분자아는 우리의 어른자아가 아니라 예전에 받은 상처를 여전히 간직한 우리 안의 아이자아인 것이다. 우리는 이 상처받은 자아를 **비난받은 어린아이**라고 부른다. 이 상처받은 자아는 성장하지 못한 채 내면에 남아 있다. 과거에 상처를 받고 나서 30년 또는 그 이상의 세월이 이미 흘렀다고 할지라도 이러한 자아는 지금도 과거에 상처받았던 순간과 똑같이 반응한다.

우리가 감당하기 어려운 문제를 만나면 언제나 거기에 대해 반응을 보이는 부분자아들이 있다. 내 생각으로는 이 사실을 당신에게 명확하게 설명하는 것이 아주 중요하다. 우리 내면에는 의식적으로 계획을 세우는 어른자아(우리의 일상적 자아)와 아이자아가 있는데, 아이자아와 내면의 비판자들은 현재 상황이 과거 상황과 비슷하면 깨어나게 된다. 이럴 때에는 침착하게 다음과 같이 말하면 큰 도움이 된다. "아, 옛날하고 비슷한 경우구나. 나는 옛날에 받았던 상처가 너무 커서 이럴 때에 아주 예민하게 반응하는구나. 하지만 나는 많은 것을 배웠고 이제는 이 상황을 잘 해결할 수 있어. 지금의 나는 예전의 내가 아니야." 바로 이것이 과거의 자아를 다루는 데에 아주 쓸모 있는 방법이다.

만약 과거에 받았던 상처가 아직도 깊이 남아 있거나 부모한테서 받은 상처나 실망감이 여전히 가슴을 아프게 한다면 어른자아는 즉시 아이자아로 바뀌며 과거의 상황이 현재에 다시 재연된다고 믿는다. 말하자면 어른자아는 자신을 상처받은 어린아이로 인식하며, 중뇌에 저장된 상처받았던 어린아이의 감정 정보가 대뇌의 조절 기능보다 우세해진다. 그리고 갑자기 과거에 대한 기억이 자극받으면 내면의 비판자가 나타나서 혹시 있을지 모를 상처를 미리 예방하려고 한다. 내면의 비판자가 갖추고 있는 경보 체계가 작동하면 그는 "옛날처럼 상처받는 일이 다시 일어나서는 안 돼."라고 생각하고 행동을 개시한다. 내면의 비판자가 상처를 예방하려고 사용하는 방법은 대체로 매우 고통스럽다. 때로는 좋은 의도로 시작한 어떤 일이 오히려 그 반대의 결과를 낳는 경우가 있음을 당신도 잘 알 것이다.

우리 모두에게는 실제 생물학적 나이와 상관없이 다양한 연령대의 특성을 보여주는 부분자아들이 있다. 이것은 일상생활을 영위하게 하는 개인적 특성과는 별개의 것이다. 나는 어린아이와 청소년을 포함한 우리 내면의 젊은 부분자아들을 통틀어서 '내면의 아이들'이라고 부르는데, 이들은 어린 시절의 좋은 기억뿐만 아니라 상처받은 기억 또는 가혹한 경험을 했던 기억을 모두 잘 간직하고 있다. 이러한 아이자아들은 상처받은 경험 때문에 **성장이 멈춘** 것처럼 보인다. "아이자아의 생각, 감정, 지각, 행동은 과거나 현재나 똑같이 나타나는 듯 보이며 아이자아는 과거의 상황을 언제든지 재연할 수 있는 것처럼 보인다. 우리를 위험으로부터 지켜주었던 어떤 행동들이 현재의 상황에는 전혀 맞지 않음에도, 우리는 과거에 했던 대로 하면 다시 보호받을 수 있을 것으로 생각한다."(참고문헌 중 분Boon 등의 2013년도 책 53쪽을 참조하라)

세상과 삶의 문제들을 과거의 눈으로 바라보면서 상처 입은 채 고립되는 것에 대한 두려움과 열등감에 시달리는 우리 안의 어린 자아, 혹은 어린 시절의 경험은 모두 보호되어야 한다. 아마 당신은 여기서 말하는 '보호'가 무엇을 의미하느냐고 물어볼지도 모른다. 보호라는 것은 우리가 부끄러움이나 죄책감, 고립감 등을 다시 느끼지 않도록 우리 안의 어떤 자아가 열심히 활동한다는 뜻이다. 그리고 서로 다른 자아들 사이에서 '방화벽' 역할을 해주는 것이 바로 내면의 비판자다.

우리가 어렸을 때 입었던 마음의 상처

내 내면의 목소리와 환자의 말에 귀 기울여보고 내면의 비판자가 어떤 일을 하는지, 그가 나를 무엇으로부터 보호하는지, 그리고 나와 당신의 영혼 한쪽에 자리 잡은 어떤 생각들을 대변하는지를 곰곰이 생각해보자. 그러면 우리 모두가 어느 정도는 알고 있는 가슴 아픈 이야기들이 많이 떠오른다.

이제부터 그런 이야기 몇 가지를 당신에게 소개하겠다. 지금 당신이 해야 할 일은 내가 하는 이야기가 당신에게도 해당하는지를 정확히 판단하는 일이다. 당신 안에는 상처입은 내면 아이가 두려움에 떨고 있지 않은가? 당신 안에 잘 봉합되어 눈에 띄지는 않지만 여러 해가 지나도록 좀처럼 아물지 않는 상처들이 있는 아이 말이다.

내면의 비판자는 원래 상처 입은 내면 아이를 안고 살아가는 민감한 당신을 타인의 심판과 거부로부터 보호하는 역할을 한다. 내면의 비판자가 세운 최종 목표는 당신이 다른 사람들의 심판과 비웃음의 대상이 되어 거부당하고 공격당하며 이용당하는 것을 막는 것이

다. 이를 위해 당신 내면에 있는 다양한 비판자들은 당신과 내면의
상처받은 아이를 보호하려고 각기 다른 전략을 개발했다. 다음은
부분자아들의 사고방식이다.

- 완벽주의자: 만약 내가 완벽하면 사람들은 나를 좋아하고 소외시키
  지 않을 거야.
- 닦달하는 자: 항상 열심히 일하고 요령을 부리지 않는다면 좋은 성적
  을 낼 수 있을 거야.
- 남의 눈치를 보는 자: 남들이 원하는 대로 행동하면 배척당하지 않고
  받아들여질 거야.

내면의 비판자들이 세운 또 다른 목표는 손해에 대비하는 것뿐만
이 아니라 **인정**과 **존경**을 받으려고 적극적으로 노력하는 것이다. 그
래서 내면의 비판자들은 때로는 당신을 억압하고 때로는 당신을 장
황한 말로 설득하여, 당신이 주변 사람들의 관심과 지지와 존경을
받으려고 열심히 노력하게끔 한다. 완벽주의자와 닦달하는 자는 당
신에게 이렇게 말한다. "만약 네가 완벽하고 좋은 성과를 올리면 모
든 사람이 너를 좋아하게 될 거야. 그리고 네가 그토록 원하던 관심
을 받게 될 거고." 남의 눈치를 보는 자는 우리 귀에 대고 이렇게 속
삭인다. "부모님이나 사회가 원하는 대로 행동하면, 즉 단정하고 침
착하고 영리하게 행동하면 넌 네가 항상 바라던 사랑을 받게 될 거

야." 왠지 모르지만 기분 좋은 느낌이 드는가? 당신은 실제로 이런 말을 들어본 적이 있는가?

내면의 비판자가 맡은 또 다른 역할은 당신을 **상처로부터 보호하는 것**이다. 이를 위해서 내면의 비판자는 우리에게 끊임없이 주의를 준다. "음식을 너무 많이(또는 너무 적게) 먹으면 안 돼.", "술이나 담배는 적당히 즐기고 약물을 복용할 때는 조심해야 해.", "너무 공격적으로 보이지 않도록 조심해.", "질문을 너무 많이 하지 마.", "다른 사람들 앞에 나서지 말고 겸손해야 해." 이런 주의를 들어본 적이 있는가?

또한 내면의 비판자들은 성인이 된 우리가 우리 자신을 **외부의 공격으로부터 보호하는 일**을 도와주기도 한다. 우리가 일간 신문의 독자투고란에 그야말로 사소하기 짝이 없는 일에 관해 '경박한' 글을 보내려고 하거나, 반상회에서 마이크를 잡고 이웃집 정원에 자라나는 잡초에 대해 불평을 늘어놓으려고 할 때면, 내면에서는 다음과 같은 소리가 들린다. "그런 말을 했다가는 다른 사람들의 공격을 받을지도 모르니 차라리 아무 말도 하지 마."

이 밖에도 나는 "기성세대들처럼 되면 안 된다."라고 끊임없이 자신의 내면에서 말하는 목소리를 듣는 사람들과 이야기를 나눈 적이 있다. 그 경우에는 기성세대들이 부정적인 인간상으로 인식되고 있었다. 당신은 기성세대들처럼 되면 안 된다는 말을 들어본 적이 있는가? 그런 적이 있다면 당신 안에서 활동하는 내면의 비판자는 기성세대들에 대해, 보수적이고 답답하며 한마디로 '완전히 짜증 나는 존재'로 생각하고 있는 셈이다. 그렇기에 당신은 그에 따라 기성세대처럼 되지 않겠다고 생각할 것이다. 기성세대가 되지 않는 가장 쉬운 방법은 기성세대와 반대되는 행동을 하는 것이다. 그러나 그렇게 한다고 하더라도 모든 문제가 쉽사리 해결되는 것은 아니다.

상처받은 내면 아이와 내면의 비판자 간의 관계를 좀 더 자세하게 설명하고자 실제 사례를 하나 들어보겠다.

내가 치료했던 어느 환자는 어느 순간 갑자기 분노가 치밀어 오르는 것을 느낄 때면 극도의 수치심을 느끼고 괴로워하곤 했다. 편의상 그 환자를 '그륀 부인'이라고 부르겠다. 그륀 부인은 '나쁜' 사람만이 분노를 느낀다고 확신했다. 그녀는 분노를 직장에서 표출하거나 자신을 공격하는 친구에게 한바탕 퍼붓게 되지나 않을까 봐 무척이나 걱정했다. 그녀는 자신의 분노를 적절히 조절하는 방법을 배우지 못했고 "너는 실패자인 데다가 나쁜 사람이야."와 같은 부정적인 사고를 내면화했다. 그리고 그 결과 더욱더 비참한 기분을 느끼게 되었다. 결국에는 분노를 일으킬 수 있는 모든 행동을 피하려다 보니, 그녀 스스로 사람들 사이에서 고립될 수밖에 없었다. 그녀의 목표는 내면에서 분노의 감정이 치밀어 오르는 것을 느낄 때에 수치심이나 죄책감 등으로 더는 괴로워하지 않게 되는 것이었다.

이 사례에서 그륀 부인의 두려움은 개인적인 경험에서 비롯된 것이었고 내면의 비판자는 그녀가 피하고 싶은 감정을 억누르는 역할을 맡았다. 그륀 부인 내면의 비판자들을 잘 살펴보면 완벽주의자와 남의 눈치를 보는 자가 연대하여 그녀의 경험을 끊임없이 평가하고 생각이나 감정 등이 '좋은지' 또는 '나쁜지' 구별하는 역할을 하고 있었다. 내면의 비판자들은 그륀 부인이 다음과 같이 판단하게끔 했다. "분노는 나쁘고 위험한 것이다. 나는 지금 분노했으므로 나는 나쁘고 위험한 사람이다."

그륀 부인과 상담한 결과, 내면의 비판자가 현재 보호하고 있는 부분자아는 예닐곱 살의 상처받은 어린아이라는 것이 드러났다. 그륀 부인은 매우 경건한 신앙심을 지닌 부모 아래에서 자랐다. 그륀 부인의 부모는 분노하는 것이 매우 나쁜 짓이며 만일 분노하면 '사랑하는 하느님'이 벌을 주고 더는 사랑하지 않을 거라고 가르쳤다. 하지만 오빠가 어린 여동생을 괴롭힐 때 자연스럽게 나타나는 분노는 어떻게 해야 하는가? 그륀 부인은 어렸을 때 생존에 결정적인 영향을 미치는 사람들의 사랑을 잃지 않아야 했고, 내면의 비판자들은 그녀를 도우려고 온갖 규범이나 규칙을 주입함으로써 '절대적으로 순종적인' 아이를 만들어냈다.

이제 당신 내면의 비판자 뒤에 숨어 있는 상처받은 내면 아이를 찾아볼 때가 되었다. 당신 내면의 비판자들이 하는 말을 찬찬히 떠올려보라. 만약 기억이 잘 나지 않는다면 이 책의 부록에 당신이 적어 넣은 문장들을 참고해도 좋다.

그러고 나서 다음의 질문들을 해보라. 내면의 비판자들은 구체적으로 어떤 감정이나 경험으로부터 나를 보호하려고 하는가?

혹시 나는 다른 사람들에게 미움을 받고 소외되는 것에 두려움을 느끼고 있는가? 혹시 나는 버려지는 것, 고통받는 것, 비탄에 빠지는 것 등을 두려워하는가? 당신이 잊어버리도록 내면의 비판자가 그토록 애쓰는 어린 시절의 기억은 무엇인가? 어린 시절 또는 청소년기에 당신을 심하게 아프게 했던 사건은 무엇인가? 만약 그때 당시의 장면을 떠올리는 것이 힘들다면 다음과 같이 하면 도움이 될 것이다.

내면의 비판자가 하는 말을 똑같이 반복해서 크게 소리 내어 말해보라. 내면의 비판자가 하는 말을 마음에 두지 않고 그저 따라 하기만 하면 어떤 기분이 드는가? 내면의 비판자가 하는 말을 따른다고 했을 때 일어날 수 있는 최악의 상황은 무엇이 있을까? 혹시 망신당하지 않을까 하는 걱정이 드는가? 혹시 다른 사람들한테서 고립될 것 같은 두려운 마음이 드는가? 아니면 벌을 받을 것 같은 두려움이 드는가? 죄책감이 느껴지는가? 다른 사람들이 모두 다 당신을 미워할 것 같은 기분이 드는가? 어떤 기분이 드는지 확실히 알았다면 이제 기억의 열차를 타고 과거로 돌아가서 그러한 기분을 처음으로 느낀 역에 내려보라.

상처받은 내면 아이와 내면의 비판자가 처음으로 나타난 곳으로 되돌아갔는가? 내 경우에는 〈달이 떴네〉라는 시를 암송하던 때가 바로 그때다.

처음으로 상처받았던 순간이 기억났다면 그것을 종이에 적어보라. 그 순간이 기억나지 않는다면 이튿날 다시 해봐도 된다. 그렇게 하면 잠을 자는 동안 무의식이 활동해서 그 기억이 꿈으로 나타날 수도 있다.

이때 주의해야 할 점이 한 가지 있다.

당신 앞에 떠오르는 모든 장면에 대해서는 일정하게 거리를 유지해야 한다. 그리고 과거의 상처를 잠시 바라본 다음에는 "아, 과거에 있었던 일이구나. 하지만 지금의 나는 이미 어른이 되었어."라고 말하면서 과거의 상황을 구체적으로 적어보기 바란다. 또한 그곳은 이미 당신에게는 과거의 공간이고, 당신은 지금 어떤 책을 읽으며 요헨 파이힐이라는 사람과 의사소통하고 있다는 점을 잊지 말아야 한다. 그리고 그가 재미있는 책을 쓰려고 안간힘을 쓴다는 것도.

9장

내면의 비판자는 오즈의 마법사와
무슨 관계가 있는가?

앞에서 이미 살펴본 대로, 때로는 폭군처럼 보이기도 하는 내면의 비판자들이 사실은 **선의**를 지니고 있다는 사실을 알고 나서 당신은 놀랐을지도 모르겠다. 우리 안에 살고 있는, 모든 것을 망치려는 자와 대범하지 못한 자는 사실 상처받은 내면 아이를 보호하는 존재인 것이다. 나는 많은 환자를 치료하면서 환자들 대부분이 상담 초반에는 당신처럼 내면의 비판자들이 우리를 보호하는 존재라는 사실에 의심을 품는다는 점을 알게 되었다.

당신 내면의 비판자들은 지난 몇 년 동안 당신을 도울 전략을 세우며 부단히 노력을 기울였다. 내면의 비판자는 당신을 압박하고 비난하고 통제하면 당신이 상처받거나 비난받거나 손해를 보지 않을 것으로 굳게 믿고 있다. 내면의 비판자가 하는 말은 아주 단순하다.

항상 완벽해라, 자제해라, 성과를 많이 내라, 사랑받아라, 재빠르게 행동해라, 상황에 적응해라, 그렇게 하면 안전하게 지낼 수 있다. 그리고 그렇게 해야만 네가 중요하게 생각하는 사람들한테 비난받거나 배척당하지 않고 인정받을 수 있다. 이를 간단히 요약하면 다음과 같다. "어떤 실수도 하지 마. 그러면 아무 문제도 없을 거야."

그렇다면 대체 이 모든 것을 누가 생각해냈을까? 대답은 아주 간단하다. 이 모든 것은 한 아이의 생각에서 비롯되었다.

당신이 어린 시절에 상처를 받았던 순간, 곧 당신이 의존하던 사람들한테서 사랑받지 못할까 봐 몹시 두려워하며 극도의 위기감으로 고통받던 순간, 당신은 자신도 모르게 스스로에게 이렇게 말했다. **"나는 다른 사람들이 원하는 사람이 되어야 해. 그리고 그들이 말하는 대로 행동해야 하고 열심히 노력해야 해."**

당신은 금기사항이나 요구, 생존을 위한 규칙 등을 내면화했다. 당신은 '생존에 결정적인 영향을 미치는 다른 사람들'의 가치 기준을 내면화하여 자신의 것으로 받아들였다. 그리고 그 당시 당신은 어린아이 또는 청소년이었기에 이 모든 것을 아이의 인식 또는 논리를 통해 받아들였고 이는 당신의 의식 속에 깊이 각인되었다. 나는 분석심리학자의 관점에서 이것은 "당신의 초자아에 깊이 각인되었다."라고 표현한다. 다양한 내면의 비판자들은 원래 아이자아로서 당신이 외부 어른들의 요구를 내면화해서 모방하려고 할 때 당신을 보호하는 역할을 떠안은 자들이다.

우리는 어린 시절 마음의 상처를 입는 순간, 아픔과 고통을 해결하려고 두 개의 부분자아를 형성한다. 하나는 상처받은 아이자아로, 이는 자신이 상처받은 경험(생각이나 감정, 신체적 느낌 등)을 간직한다. 또 다른 하나는 상대방의 요구나 규범, 가치, 욕구 등을 즉시 파악하여 자신의 것으로 만드는 자아인 내면의 비판자다. 마음이 상처를 입을 때에 작동하는 이러한 긴급구호 프로그램은 무의식적으로 일어나며 신경생물학적 공감 시스템을 통해 우리의 거울뉴런 안에 저장된다(거울뉴런은 뇌 안에 있는 일종의 공명 시스템인데, 다른 사람의 기분이나 감정을 똑같이 느끼도록 해준다. 다른 사람들이 동정심이나 슬픔, 기쁨을 느낄 때 우리도 이와 같은 감정을 느끼게 된다면 이는 거울뉴런 덕분이다. 거울뉴런 덕분에 우리는 사회적인 존재, 공감하는 존재로서 살아갈 수 있다).

우리가 내면화한 외부의 어른이 우리 안에서 어른처럼 절대 권력을 누리면서 우리를 비난하고 압박하다가 결국 내면의 비판자가 된다. 우리가 아이에서 어른으로 발달해가는 동안 그는 우리와 함께 차근차근 성장해간다. 내면의 비판자는 자신의 경고를 통해 우리를 상처나 고립으로부터 보호하려고 하는데, 이것이 성공할 때마다 그의 힘은 더욱더 강력해진다. 그리고 우리가 어느 날 기분이 좋다고 느꼈을 때 그는 어디까지나 자신이 우리에게 사전에 경고하고 또 우리를 비난해서 그렇게 된 것이라고 주장한다. 이 주장이 **옳지 않음**을 증명하기란 어려운 일이다.

내면의 비판자는 이런 신념을 바탕으로 자신의 존재를 정당화한다. "내가 없었더라면 아마 너도 없었을 거야. 내가 없었더라면 너는 아마 상심과 슬픔 탓에 아무런 말도 할 수 없었을 거야." 당신은 아마도 내면의 비판자에 대항할 논리적 근거를 찾을 수도 없고 그를 떨쳐낼 수도 없을 것이다. 우리는 일종의 생물학적 컴퓨터인데 우리의 생존에 관여하는 프로그램은 삭제할 수 없다. 당신이 만약 내면의 비판자에 대항해서 싸운다고 한다면, 경호원들이 대통령을 지키려고 총을 맞는 것도 마다하지 않듯 목숨을 건 싸움을 벌이게 될 것이다.

그런데 이 모든 것이 오즈의 마법사와는 도대체 무슨 관계가 있을까?

『오즈의 마법사』에 나오는 등장인물들은 캔자스 주 출신의 소녀 도로시와 그녀의 강아지 토토, 생각이 없는 허수아비와 심장이 없는 양철 나무꾼과 겁쟁이 사자다. 그들은 오랜 시간 모험한 끝에 마침내 '무서운 오즈의 마법사'가 있는 동굴에 다다른다. 그들은 거기에서 아주 무서운 경험을 하게 된다. 동굴의 벽에는 갖가지 무서운 그림들이 그려져 있어 그 모습을 보고 모두 두려움에 떨었다. 그때 토토가 용기를 내어 커튼을 끌어당겨 그 뒤에 숨어 있던 '무서운 마법사'의 정체를 밝혀낸다. 여기서 다음과 같은 교훈을 얻을 수 있다. "커튼 뒤에 숨은 사람을 믿지 마라." 물론 오즈의 마법사는 자신을 무서운 존재로 보이도록 여러 가지 장치를 이용한 것뿐이었다. 도로시가 마법사에게 "당신은 나쁜 사람이에요."라고 하자 오즈의 마법사는 "나는 아주 좋은 사람이야. 그저 나쁜 마법사일 뿐이지."라고 말한다.

그렇다면 우리 모두의 내면에 자리 잡고 있는 '나쁜 비판자'는 어떤 존재일까? 그는 우리의 내면을 휘저어놓는 아이자아로, 사실은 우리에게 선의를 품고 있다. 그러나 선의를 품은 게 오히려 그 반대의 결과로 이어지는 경우가 흔하다는 점은 우리도 이미 잘 알고 있다.

이제 우리는 '내면의 무서운 마법사', 즉 내면의 비판자에 대해 지금까지 알게 된 바를 개인에게 적용하여 다음과 같이 요약해볼 수 있다.

내면의 비판자가 보이는 특성

여기에서 다룰 이는 우리의 약점에 대해 일말의 동정심도 보이지 않고, 우리가 언제 어떤 행동을 하건 간에 우리를 비난하는 내면의 비판자다.

그는 우리가 말하고 행동하는 것을 모두 평가하며 우리가 우리 자신의 약점이나 실수에 대해서 안쓰러운 마음을 느끼지 못하도록 방해한다.

성격적 특성

- 수시로 이름을 바꾼다. 실수를 지적하는 자, 비관주의자, 종말론자, 짜증 나게 하는 자, 자부심 있는 자, 심판자, 일을 망치는 자 등.
- 하는 일에 따라 통제자, 완벽주의자, 닦달하는 자, 남의 눈치를 보는 자 또는 심판자 등으로 불린다.
- 항상 조급증을 부리고 흠을 잘 잡으며, 타협을 모른다.
- 우리 잘못을 용서하거나 우리의 완벽하지 않음을 이해하기는 커녕, 우리에게 '나쁘다', '모자라다', '실패한 인생이다' 등의 말을 퍼부음으로써 불난 집에 부채질한다.
- 자세히 살펴보면 내면의 비판자 자신도 매우 화가 나 있고 걱정으로 가득하다는 것을 알 수 있다. 그가 "너는 뚱뚱하고 식탐이 많아."라고 말하면 사실 "아프지 않도록 조심해."라는 뜻이다.
- 내면의 비판자는 매우 무기력하다. 이것은 마치 자식에 대해 걱정은 아주 많이 하지만 어떻게 해야 할지를 모르는 부모가 자식의 행동에 과잉 반응을 보이는 것과 비슷하다. 그는 엄격하게 비난하는 것으로써 자기 권위를 보여주려고 한다.
- 그를 좀 더 자세히 알게 되면 다음과 같은 사실을 발견할 수 있다. 그는 사실은 선의를 품고 있으며 우리가 잘되기를 바라고 있다. 예를 들어 그의 두려움 뒤에는 보통은 우리가 망신을 당하거나 다른 사람들에게서 소외당하는 일이 없기를 바라는 마음이 숨어 있다.
- 그를 다룰 때는 조심해야 한다. 그는 우리가 비난받는 부분,

즉 상처받은 내면 아이를 우리 자신이라고 아주 빠르게 인식하게 한다. 우리는 스스로 희생양이 된 기분이 들며 그의 비난을 그대로 수용한다. 어쩌면 우리는 이에 저항하거나 내면의 싸움을 영원히 이어갈 수도 있다. 또는 그 비난을 무시하려고 노력할 수도 있다. 그러나 이런 전략 모두가 성인이 된 우리가 내면의 비판자를 오해한 결과로 나온 것이다.

- 상처받은 내면 아이를 돕는 유일한 방법은 우리가 그를 어느 정도 거리를 유지한 채 어른의 시각으로 바라보는 것이다.
- 내면의 비판자는 사실은 머릿속에 사는 어린 자아인데, 폭력적으로 돌변할 수도 있다.

지금까지 내면의 비판자가 보이는 특성에 대해서 세세하게 살펴보았지만 아직도 해야 할 일들이 남아 있다. 우리는 우리 가슴속 깊은 곳에 숨어 있는 것을 조사해봐야 한다. 우리는 우리 자신에 대한 연민과 내면의 비판자 사이에 빚어지는 갈등이 어디에서 비롯되었는지, 그리고 어떻게 하면 이들이 상생할 수 있는지를 이해해야 한다. 자신에 대한 연민이란 자기 자신을 따뜻하게 대하고 자기 실수나 약점을 너그럽게 대하는 태도를 말한다.

다시 말해서 무척이나 좋은 친구, 친한 친구가 좋지 않은 상황에 빠졌을 때 그에게 친절하게 대하는 것과 똑같이 자기 자신을 대하는 것을 의미한다. 친구가 좋지 않은 상황에 빠졌을 때 우리는 그를 비난하거나 압박하거나 평가하는 대신에 그와 공감하고 그를 따뜻하게 대한다. 또한 그가 낙담하고 두려움에 떨고 있을 때에는 기운을 북돋아주는 말을 해서 도움을 주려고 한다. 우리는 다음의 사실을 잘 알고 있다.

우리가 자신의 실수나 약점을 너그럽게 받아들일수록

다른 사람들의 실수나 약점도

또한 너그럽게 받아들일 수 있게 된다.

10장

<center>~~~~~~~~~~~~~~~</center>

비판자의 가면을 쓴 어린아이

"내면의 비판자들은 우리를 보호하려는 **선의**에서 무섭고 엄한 태도로 우리를 대하기도 하지만, 우리에게는 큰 도움이 되는 존재들이다." 당신은 이 책을 읽어오면서 이와 같이 내면의 비판자들을 이해하고 그들에게 고마워하는 게 우리에게도 이익이 된다는 사실을 알게 되었을 것이다.

그러나 내면의 비판자들에게는 또 다른 모습도 존재하는데, 나는 이를 내면의 비판자들이 지니는 어두운 면이라고 부른다. 이제 당신 내면의 비판자에게 가만히 있어달라고 요청해보라. 만약 그가 응하지 않고 반항한다면 우리도 우리 마음대로 해도 된다. 그렇게 되면 내면의 비판자에게는 자기 행동과 태도를 다른 관점에서, 즉 어른의 관점에서 바라볼 기회가 생긴다.

나는 내면의 비판자가 어떤 식으로 활동하는지를 늘 궁금해했다. 언제나 그는 어느 순간에 갑자기 나타난다. 그는 절대로 우리 의견을 물어보지 않는다. 우리를 칭찬하는 법도 없으며 상처받은 우리 자존심을 정면으로 공격한다. 우리 귀에 대고 속삭이는 그의 말이 아무리 비열한 내용이라고 할지라도, 우리는 그의 말이 어쩌면 다 맞을지도 모른다고 생각하며 두려워한다. 내면의 비판자들은 우리와 한 몸 안에서 함께 살지만, 어쩐지 그들은 우리를 어딘지 모르게 부족한 존재, 가령 정체가 금방 들통 날 위험에 처한 사기꾼 정도로 여기는 듯하다. 따라서 다음과 같은 결론을 내릴 수 있다. 우리 내면의 비판자들은 우리가 어떠한 실수도 하지 않게끔 우리를 사전에 보호하려고 한다. 그런데 그들은 우리가 그들 없이도 잘 살 수 있다는 사실을 알고 있을까? 아마 전혀 그렇지 않을 것이다.

나는 가끔은 내 안의 비판자들이 시끄러운 소리를 내면서 마당을 이리저리 돌아다니는 닭들과 같다고 생각할 때가 있다. 이 닭들은 세상을 부정적이고 좁은 시야로 바라보고 자신이 마당에 있는 것을 몹시 못마땅하게 여기는 것 같다.

내면의 비판자들은 이런 관점으로 세상을 바라보면서, 곳곳에 널려 있는 불행인 질병, 상처, 고독 등을 피하려면 올바른 행동을 하고 실수를 저지르지 말고 더욱더 완벽해지라고 우리를 끊임없이 압박한다. 그들의 눈으로 보면 이 세상은 그야말로 황무지다. 내면의 비판자는 어떻게 활동하는가? 그는 왜 그토록 우리를 아프게 하고 항상 기분 나쁘게 하는 걸까?

"그는 과거의 실수나 실패나 실망에 대한 기억을 불러일으킨다. 그는 당신이 어린 시절로 돌아가게끔 한다. 어린 시절로 돌아간 당신은 슬퍼지며 모든 문제의 원인을 자기 탓으로 돌린다. 어떤 문제를 해결하도록 고민하게 한 내부의 심판자는 한층 더 깊은 상처를 안겨준다. 그것은 바로 어린 아이로 돌아가기 이전의 당신, 현재의 당신이 받는 상처다."(참고문헌 중 브라운Brown의 2001년 책에서 297쪽을 참조하라)

물론 맞는 말이다. 내면의 비판자는 우리를 불안해하는 아이로 변모시킨다. 그는 우리가 힘들어하던 어린 시절로 돌아가서 그저 그의 말에 수긍하기만을 바라면서 세상의 종말을 예언하는 자처럼 보인다. 이렇게 어린아이로 되돌아가는 것을 심리학 용어로는 '퇴행Regression'이라고 한다. 이에 대해서 간단하게 설명하겠다.

우리 안에서 상영되는 공포영화—현재에 집중하세요

군터 슈미트는 2007년에 이렇게 말했다. "우리는 우리 의지와는 상관없이 이 세상에 태어났다. 하지만 이 삶을 어떻게 받아들일 것인가는 우리에게 달렸다." 매순간 우리의 경험은 전적으로 현재 자신이 집중하는 것의 결과다. 당신이 이 책을 읽고 있는 순간, 그리고 우리가 서로 함께 소통하는 순간, 우리의 머릿속에는 공통의 경험 공간이 생겨나게 된다.

동물의 주의 집중에 영향을 미치는 요소는 매우 복잡하며 아직 그것에 대한 이론이 확실하게 정립되어 있지 않다. 외부에서 자극을 가한다고 해서 사람이 언제나 반응하는 것은 아니다. 하지만 외부의 영향 또는 정보에 주의를 기울이고 이를 받아들이고 평가하는 메커니즘은 알 수 있다. 이와 관련해서 최근 몇 년 동안 뇌과학 분야에서 밝혀낸 것을 소개하려고 한다.

과거 또는 미래라는 개념은 언제나 현재의 뇌가 만들어낸 경험이다. 내 뇌의 관점에서 보면 언제나 현재만 있을 뿐이다. 이 현재는 다음의 현재까지 대략 4초 정도 지속되며 그 이후에는 이미 과거가 된다. 현재 뇌가 구성하는 사실은 사고의 내용에 따라 과거가 되기도 하고 미래가 되기도 한다.

우리는 과거와 미래를 머릿속에서 구성하고 끊임없이 과거와 미래 사이를 오간다. 그리고 과거의 경험을 토대로 하여 현재를 재구성한다. 왜냐하면 우리 뇌는 현재를 인식하기 때문이다.

좀 더 구체적인 예를 들어보자.

당신은 우리의 혀가 네 가지의 맛만 구별할 수 있다고 알고 있을 것이다. 짠맛, 신맛, 단맛, 쓴맛. 그러나 우리의 미각은 이게 다가 아니다. 제5의 맛으로 불리는 우마미Umami(감칠맛)가 있다.

나는 당신에게 이제 다음과 같이 말하려고 한다. "오늘밤 친구한 테서 저녁 초대를 받아 지금껏 경험해보지 못한 우마미를 맛보게 될 텐데, 그러면 넌 이 맛이 어떤 건지 알게 되고 결코 잊어버리지 않을 거야."

당신은 이 말을 듣고는 미래로 가서 오늘 밤 리자, 귄터, 구드룬 등의 친구들이 모인 자리에서 먹게 될 것들을 상상해볼 것이다. 해 초를 얹은 아스파라거스 요리? 아니면 라임레몬 위에 얹은 초콜릿? 어느 것도 딱 맞아떨어지지 않는다. 다시 과거로 돌아가서 그동안 경험했던 맛들을 모두 떠올려보지만 우마미라는 맛은 없을 것이다. 이제 나는 당신에게 말한다. "우마미는 글루탐산염의 맛이 나며 혀 의 중간에서 느낄 수 있다. 우마미는 맛있는 맛, 감칠맛이 나는 맛 이다."

다시 과거로 돌아가 당신이 지금까지 먹었던 고기의 맛은 어떠했 는가? 육즙이 가득한 스테이크가 떠오르거나 퍽퍽하고 질긴 양고기 가 떠오를 것이다. 이런 것들이 떠오르면 당신의 현재는 불쾌해지거 나("오늘 밤엔 차라리 샐러드나 먹고 말지!") 무척 행복해진다("우아, 맛 있겠다!").

우리의 뇌가 오직 현재에만 살고 있다는 것은 전혀 새로운 사실이 아니며 선禪의 세계에서는 이미 다음과 같이 말하고 있었다.

과거는 지나갔으며

미래는 아직 오지 않았다.

오직 현재만 있을 뿐이다.

과거에 대한 기억은 뇌의 기억을 담당하는 부분에 저장되어 있다. 과거에 대한 신경계 네트워크 연결은 의식적으로, 또는 무의식적으로 작동될 수 있다. 우리가 현재 그러한 네트워크의 일부를 활성화하면, 예컨대 현재의 어느 경험이 과거의 경험 중 어느 것과 관련이 있어서 연관되면, 전체 신경망은 활성화되고 우리는 과거로 되돌아간다. 이것은 과거로 갔다가 현재로 돌아오는 일종의 시간여행이다. 우리가 과거에 경험한 사실은 현재의 경험에 영향을 끼친다. 과거의 좋지 않았던 경험은 현재의 경험도 비슷하게 느끼도록 한다.

내 예를 들도록 하겠다.

만약 내가 어떤 강연을 해야 할 때 과거에 강연을 아주 잘했던 기억을 떠올린다면 성공적인 강연을 하게 될 것이다. 지금 이 순간 바로 당신 앞에서 이 강의를 진행할 때도 뉘른베르크에 있는 내 사무실 책상 앞에 차분히 앉아 강연자로서, 그리고 정신과 의사로서, 배운 것들과 말하고자 하는 모든 내용을 잘 기억하여 완벽하게 발표한 경험들을 불러내어 전달한다고 가정한다면 아주 성공적으로 강의할 수 있을 것이다(비록 내 안에 내면의 비판자가 여전히 존재하면서 이러쿵저러쿵 말한다고 할지라도).

그러나 만약에 내가 발표하던 중에 어떠한 문제가 생기게 되면, 예컨대 내가 앞에 앉은 '청중'을 (과거에 트집잡혔던 경험 때문에) 끔찍하고 트집만 잡으려는 괴물들로 인식한다면 이는 과거의 좋은 경험을 떠올리는 신경회로가 차단되었음을 의미한다. 이렇게 되면 나는 내 명성이 처참하고 부끄럽게 상처받았다고 인식하게 된다. 그러면 성공적인 강의를 하지 못하게 되어 손해를 보겠지만, 다른 한편으로는 내면의 비판자가 나를 보호하려고 작동했다고도 볼 수가 있다. 그러나 이런 보호를 위해 치러야 할 대가는 너무나도 크다.

이러한 작용들은 어떻게 설명해야 할까? 그리고 갑자기 청중을 괴물들로 느끼는 기분은 어떤 의미가 있을까? 한결 알기 쉽게 설명하려면 개인적인 예를 하나 들어보는 게 좋겠다. 내가 남아프리카에서 강연 초청을 받고 그것도 영어로 강연해야 했을 당시로 돌아가보자. 강연 초청을 받게 된 발단부터 시작해보자. 프리토리아에 사는 하르트만 박사는 이메일을 보내서 친절하게 나를 초대했다. 나는 이메일을 읽으며 침을 꿀꺽 삼킨다. 그렇다. 나는 그 초대를 받아서 영광이라고 생각하는 동시에, 다음과 같은 걱정이 앞선다. "모든 것을 망쳐버리면 어떻게 하지?"

이러한 "앞으로 일어날 일이 잘못될까 봐 불안해하는 마음."(군터 슈미트), 이러한 최악의 상황에 대한 시나리오, 3D 영화와도 같은 이러한 상상은 내가 남아프리카로 가기 몇 주 전부터 여러 날 동안 꿈에서 꾼 내용인데, 내가 통제하기 어려운 내 중뇌의 변연계 영역에서 펼쳐졌다. '인간은 생체컴퓨터다'라는 관점에서 보자면 나의 이런 생각은 오직 한 방향으로만 전개된다. "적대적인 세상에서 어떻게 하면 살아남을 수 있을까?" 그리고 냉혹하게 제거당하지 않도록 가장 나쁜 상황을 상상하는 것이다.

잠깐, 이건 다른 이야기인데, 당신은 누가 조명과 영사기를 조정하고 있는지 이미 잘 알 것이다. 바로 오즈의 무서운 마법사인 내면의 비판자다. 이에 대해서는 뒤에서 다시 언급하도록 하겠다. 우선 이 강의를 끝까지 경청해주기를 바란다.

무슨 일을 하든 상관없이 미래가 나빠질 거라는 내 상상은 곧바로 나의 현재가 되었다. 사람들이 내 엉터리 영어를 듣고 나를 비웃을 것으로 확신했다.

다시 말해, 나는 진퇴양난의 상황에 있었고 미래에 대한 그런 상상은 현재에 작용해서, 성공적이었던 과거의 내 경험과는 분리된 채로, 과거에 내가 경험한 실패나 망신(앞에서 이미 언급했던 열두 살의 어린 요헨이 했던 경험, 〈달이 떴네〉라는 시를 암송했던 당시의 경험 때문에 두려움이 생긴 것이다) 등과 연결되었던 것이다. 그래서 미래의 실패에 대한 확신이 과거에 경험했던 '시 암송을 망쳐버린 사람'이라는 영역에서 에너지를 얻어서, 나머지 모든 생각에 영향을 끼쳤다. 내가 지닌 잠재력이나 장점은 오간 데 없이 사라지고 말았다. 모든 게 막막해져서 강연을 취소해버리고 싶은 마음이 굴뚝같았다.

어떤 일을 그토록 끔찍하게 상상한다는 것은 보호-방어기제가 작동하고 있음을 의미한다. 3D 입체영화처럼 생생한 실패에 대한 상상은 무척이나 사실적이고 생동감 있게 다가와, 실제로 일어나는 일처럼 여겨진다. 따라서 우리는 우리의 방어기제인 '달아나기-싸우기-죽은 척하기'로부터 비롯한 해결 전략으로 그 일에 대해 반응하거나, 아니면 위축과 회피 또는 분노를 나타낸다. 내 경우에는 강연을 재미있는 도전으로 받아들이는 긍정적인 면으로 이어지지는 않았던 것이다.

아내가 내게 다음과 같이 말해도 아무런 소용이 없다. "아무 걱정도 마세요. 당신은 능력이 뛰어나서 모든 것을 다 잘할 수 있을 거예요." 이렇게 말하면 오히려 압박감만 늘어나고 자신감은 더 떨어진다. 나는 꼭 해내야 할 텐데……. 그러나 나는 그러지 못할 텐데……. 그러면 큰일 날 텐데…….

그리고 또 다른 일이 발생한다. 이와 관련하여 다음과 같은 심리적 증상들이 나타나게 된다. 시야가 좁아지는 현상, 자신감의 저하, 성공했던 과거 경험들과 현재 경험의 분리, 과거의 학창시절 또는 직장 생활에서 잘 적응하지 못했던 시절로 회귀하기 등. 당신은 내가 무슨 말을 하는지 이해할 수 있을 것이다. 그리고 열두 살의 어린 요헨을 기억할 것이다.

이것으로 이번 강의를 마친다.

내면의 비판자들이 사용하는 전략은 다음과 같다. 그들은 3D 돌비-서라운드 음향 체제를 도입한 입체영화처럼 생생한 장면을 우리에게 보여준다. 그 장면들은 앞으로 어떤 나쁜 일이 일어나지 않도록 기억의 서랍 상자를 뒤져서 하나 또는 여러 개의 좋지 않았던 경험들을 끄집어냄으로써, 우리에게 끊임없이 경고하고 많은 걱정거리를 안겨준다.

내면의 비판자가 맡고 있는 임무는 이러한 목적을 달성하고자 과거에 우리가 경험했던 상처의 기억을 꺼내는 것이다. 그의 임무는 우리의 안전을 지키고, 위험 요소를 사전에 미리 없애며, 우리 자존감이 상처받지 않도록 여러 가지를 예상하고, 우리 몸이 다치지 않도록 하는 것이다. 내면의 비판자는 우리에게 이미 익숙한 것, 통제할 수 있는 것, 그래서 두려워하지 않아도 되는 것들을 좋아한다.

다음의 두 가지 경우에 대해서 한번 생각해보자.

1. 당신은 당신 내면의 비판자가 원하는 모든 것을 다 하려고 한다. 그러면 당신은 착하게 순순히, 그리고 성실하게 따르면서도 절대로 반발하는 일이 없다. 인생을 아주 재미없게 살지만 그 대신에 위험은 최소화되고 안정감을 느낀다.

2. 만약 당신 내면의 비판자들 중 하나와 성격이 똑같은 사람을 어느 만찬 자리에서 만났다고 치자. 당신 눈에 그는 자신감이 넘치는 사람이 아니라 좁은 시야에 공황장애를 앓으며 모든 것을 다 잘해야만 한다

는 생각에 끊임없이 자신을 다그치는 예민하고 불안정한 사람으로 보일 게 분명하다. 또한 그는 당신이 원하는 것을 조금이라도 다 들어주지 않으면 살아남지 못할 거라는 압박감 때문에 두려워하는 것처럼 보일 것이다.

내면의 비판자들이 두려워하고 있다는 것은 사실이다. 실제로 내면의 비판자들이 쓰고 있는 가면 뒤에는 커다란 압박감에 짓눌린 어린아이가 몸을 숨기고 있다. 위급한 상황에서 그는 상처받은 아이자아의 상처와 고통과 부끄러움을 막으려고 등장했다. 내면의 아이자아는 당시에 어른이 요구했던 것, 예를 들자면 완벽할 것, 순종적일 것, 더 노력할 것, 아무런 실수도 하지 말 것 등을 받아들였고 결국 아이의 시각과 논리에서 이 요구들을 그대로 따라서 했다. 우리의 부분자아는 이러한 요구들을 받아들이되 소화하지는 못했기에, 우리 내면의 연극 무대에서 마치 외부의 어른들이 말하는 것처럼 말하기 시작했다. 만약에 당신이 "왜 내면의 비판자들은 오로지 흑백논리로만 생각하는가, 그리고 너그럽지 못하고 냉정한가? 그들은 왜 가끔 결사적으로 밀어붙이는가?"라고 묻는다면 다음과 같이 대답할 수 있다. 내면의 비판자들은 어른의 사고나 감각이 아닌, 생명의 위협을 느끼는 아이처럼 모든 것을 받아들이기 때문에 그들은 그들이 태어나던 시기에 그대로 머물러 있는 것이라고.

내면의 비판자들은

위험으로 가득 찬 세상에서 최대한 적응해서 살아남아야 하는

아이들처럼 생각한다.

왜냐하면 아이들의 생사는

그들을 평가하는 사람들에게 달렸기 때문이다.

내면의 비판자들이 이루고자 하는 최종 목적은

안전을 확보하는 것과 생존하는 것이다.

이를 위해서 극단적인 수단이나 방법을 사용하기도 한다.

11장

적응 전략으로서의 탈동일시

이 장에서 나는 '탈^脫동일시'에 대해 이야기하려고 한다. 이는 심리학 분야에서 사용하는 전문적인 개념이다. 나와 연결된 것, 내가 내면화해서 내 정체성을 인식하는 어떤 것과 다시 헤어지거나 분리되는 것을 의미한다.

예컨대, 만약 당신이 '모든 사람에게 정당한 대가가 돌아가는 사회를 만들려는 정당'의 목표와 가치를 여러 해 동안 열정적으로 지지했다고 치자. 그러다가 갑자기 자신이 지지하는 정당이 여느 정당과 다를 바 없이 실망스럽다는 생각이 들어 등을 돌리게 된다면 당신은 탈동일시를 한 것이다. 안타깝지만 어쩔 수 없는 일이다.

우리가 우리 자신을 심판하고 자신의 가치를 깎아내리며 나쁜 말로 비난하기 시작할 때, 우리는 여기에 우리가 과거에 배운 기준을

잣대로 들이댄다. 이러한 자기비판은 우리 내부에서 인간으로서의 가치를 공격하는 것으로 드러난다. 그리고 우리의 내면이라는 무대 위에서 이와 연관된 우리의 부분자아들과 다양한 갈등을 일으킨다. 만약 당신이 이러한 자기비판을 하지 않으려고 노력하면 노력할수록 오히려 더욱더 심한 자기평가를 불러오게 될 것이다. 내부의 공격을 막으려는 당신의 노력이 기본적으로는 어린아이로서 공격받을 당시의 경험에서 나온 것이기 때문이다. 현재 어른이 된 당신은 그 당시의 아이와 연결되었다. 당신은 상처받은 아이와 똑같이 느끼고 생각하고 행동한다. 그럼으로써 당신은 약해지고 공격에 취약해진다.

이 문제를 근본적으로 해결하려면 우리 자신을 아이자아의 이미지로부터 **탈동일시**해야 한다. 그렇게 해야만 우리는 자신을 깎아내리는 내부의 공격을 이겨낼 수 있다.

덧붙여 말하면, 아이가 자기 자신에 대해서 느끼는 감정은 물론이고 내면의 비판자가 자기 자신에 대해서 품는 이미지까지도, 이 모두는 현재의 우리가 스스로를 올바르게 인식하는 데에 적합하지 않다. 양측, 즉 상처받은 아이와 내면의 비판자는 내가 이미 열두 살의 요헨과 그의 내부에 도사린 완벽주의자에 대해 예를 들었다시피 서로 연결되어 있다. 우리는 양측 모두로부터 탈동일시해야 한다. "만약 당신이 스스로를 비판하고 있다면 이는 어떤 내면의 비판자가 끼어든 것이다. 만약 당신이 자기 자신에 대해 안 좋은 느낌을 받았다면 이는 상처받은 아이자아가 등장했기 때문이다. 분명한 사실은 상처받은 아이자아와 내면의 비판자가 한꺼번에 당신의 어른자아에 개입하는 사례가 흔하다는 점이다. 즉, 이는 아이자아와 내면의 비판자가 현재의 당신 의식을 지배하고 현재의 당신 자아는 뒷전으로 밀려난다는 의미다."(참고문헌 중 제이 얼리Jay Early와 보니 와이스Bonnie Weiss의 2010년 책 50쪽을 참조하라)

얼마 전의 일이다. 나는 지하철을 타고 가다가 한 어린 소년을 보았다. 그 소년은 커다란 초콜릿 아이스크림을 먹으면서 달콤한 맛에 푹 빠져 있었다. 나는 내가 보던 신문으로 눈길을 다시 돌렸다. 그때 소년의 어머니가 내지르는 앙칼진 목소리가 들렸다. "이 바보야. 넌 아이스크림 하나도 제대로 못 먹니? 아이고, 옷 좀 봐. 도대체 엄마가 네 더러운 옷들을 언제까지 빨아야 하니? 내가 다시는 아이스크림 사주나 봐라. 오늘 밤에 아버지 퇴근하시기만 하면 넌 아주 그냥……." 어린 소년은 울어대기 시작했고 다음 역에 이르자 소년의 엄마는 쏜살같이 뛰어나가 소년이 먹던 아이스크림을 휴지통에 확 집어던졌다. 그녀의 아들은 상처와 고통으로 괴로워했다.

나는 불안한 마음으로 계속 앉아 있으면서 속으로는 이런 생각을 했다. '정말로 말도 안 되는 일이야. 어떻게 엄마가 아이를 그런 식으로 다룰 수가 있지? 나는 그 엄마에게 어른이라고 해서 아이한테 함부로 그런 말을 하면 안 된다고 말했어야 했어. 그 불쌍한 아이는 분명히 위로가 필요하고 눈물을 닦을 손수건도 필요했을 거야.'

대부분의 사람들은 (안타깝게도) 이러한 상황에서 참견하거나 나서지 않는다. 내가 말하고 싶은 것은 당신이 이러한 상황과 마주치게 되었을 때, 어른으로서 어떤 동기에서 그 상황을 중재하고 싶어 하는지를 알아차리는 게 무엇보다 중요하다는 것이다. 당신이 제3자로서 그러한 상황을 목격하게 되면 당신 내부의 어른자아 또는 아이자아가 아프게 공격하는 것을 느끼거나, 분명히 동정심이나 보호본능이 생기며 마음이 무장해제되는 것을 느낄 수 있을 것이다. 우리는 모두 과연 누가 옳은지는 자세히 알지 못한다고 하더라도 기꺼이 그 상황에 개입해서 갈등을 해결하려고 할 것이다. 그렇지만 여기에서 말하고자 하는 것은 그것과는 전혀 관계가 없는 것이다. 여기서는 공개적으로 망신을 당했다는 것, 그리고 그 아이의 자존감을 깎아내리는 비인간적인 행위 또는 비정함이 문제인 것이다.

나는 당신 안의 어른자아가 나와 똑같이 생각했으리라고 확신한다. 그리고 적어도 마음속에서는 이 일에 개입해서 갈등을 종결하고 싶어 했을 것으로 생각한다. 이제 우리는 그렇게 할 능력이 있고, 그렇게 해야 한다. 또한 우리는 시민으로서의 용기를 보여줄 수 있다. 그러나 우리가 여러 사람 앞에서 몰리고 망신당했던 어린 시절에는 어떠했을까?

당신과 내가 어렸을 때에는 이러한 외부의 공격을 막아낼 수 없었다. 오히려 반대로 어른들의 평가에 전적으로 의존했고 우리에 대해서 평가하는 말을 전적으로 다 내면화하면서 우리의 본보기로 삼았다("어른들 말씀은 분명히 다 옳을 거야!"). 이러한 어린 시절의 경험을 바탕으로 우리는 성장 과정 내내, 그리고 현재까지 망신당하거나 비난받는 경험을 계속해왔다. 내 사례에서 망신당한 요헨을 생각해보라. 그는 50년 뒤에도 여전히 내 내면의 연극무대에 등장해서 "큰일 났어. 너는 이제 아주 난처하게 될 거야!"라고 말하며 곧이어 몹시 생생한 공포 장면을 보여주는 돌비-서라운드 3D 영화를 상영할 것이다.

우리가 어렸을 때 듣던 어른들의 '금지사항'들로부터 탈동일시하려고 했다면, 우리에게는 이 모든 상황을 다 꿰뚫어보고 결국에는 이 상황에 개입해서 우리를 보호해줄 수 있는 다른 누군가가 필요했다. 다행히도 우리 곁에는 그런 어른들이 언제나 있었다. 그 사람들은 우리가 방학 때 놀러 갔던 할아버지 또는 할머니일 수도 있고 이웃에 사는 친절한 아주머니일 수도 있다. 현재 당신 안에 사는 내면의 비판자와 이별한다는 것은 비난받고 망신당하고 방치된 상처받은 내면 아이와 동일시하지 않고, 당신의 실수를 다 지적하고 모든 일을 망쳐버리는 내면의 비판자와도 동일시하지 않는다는 것을 의미한다. 이는 당시의 아이와 이별하는 것이다(이는 확실히 칭찬할 만한 방법이지만 요즘에는 문제가 있는 것으로 평가받는다). 하지만 당신 안에는 여전히 자신을 부끄러워하는 아이가 있으므로, 지금도 하늘이 무너지지 않을까 하는 두려움에 순식간에 사로잡히게 된다.

그러니까 우리가 오늘날에 이러한 어린아이 시절의 느낌을 다시 경험하게 되면 우리는 어린 시절에 겪었던 무력감이나 낮은 자존감(우리 자신이 매우 나쁘다고 생각하고 자신을 부끄러워하는 것), 또는 어른의 멸시나 미움 중에서 하나를 선택하지는 않는다. 당신은 확실히 아이와 어른의 중간자적 처지에 서게 되며, 이 역할은 오늘날 내면의 비판자가 맡게 되고 우리의 어른자아는 또다시 마비되는 것이다.

내면의 무대에는 등장인물 세 명이 서 있다. 상처받은 아이, 내면의 비판자와 무력한 어른자아. 그들을 우리 내면에서 느껴보도록 하자.

내가 만약 열두 살짜리 요헨이나 초콜릿 아이스크림을 먹던 어린 소년과 동일시하거나, 당신이 당신 내면의 상처받은 아이와 동일시한다고 가정한다면 당신은 다음의 예 중에서 어떤 느낌을 받게 될 것 같은가?

- "나는 너무 작고 요령이 없고 나쁘니까, 혼나고 벌을 받는 것은 자업자득이야."
- "나는 무력하고 두려움에 가득 차 있고 엄마가 나를 더는 사랑하지 않거나 고아원에 보내버릴까 봐 두려워."
- "나는 너를 미워해. 나는 네가 시키는 대로 절대로 하지 않을 거야. 차라리 죽어버리겠어."

이런 상황에 처해 있다면 어떻게 혼자 힘으로 거기에서 빠져나올 수 있을까?

내 안의 완벽주의자, 지하철에서 보았던 소년의 어머니와 나를 동일 시한다면 어떤 일이 일어날까?

몇 가지 예를 들어보자.

- "요헨은 아직 부족한 것이 많은데도 명예욕에 불타서 강연 요청을 수락하려고 해. 내가 조심하지 않으면 그는 대중 앞에서 큰 망신을 당할 거야."
- "이 아이는 너무 미숙해서 혼을 낼 수밖에 없어. 나는 아이가 밖에서 예의를 지키도록 주의를 주거나, 아니면 집에서 데리고 나오지 말아야겠어."
- "내 아들은 고집이 세고, 한마디로 제멋대로야. 나는 아들이 나를 화나게 하려고 일부러 그러는 것 같아."

아이 엄마의 주관이 확고할 때는 설득하는 게 참 어렵다. 그녀는 어른으로서 "아이가 잘되기를 바라는 마음에서." 그렇게 한다고 할 것이다. 그렇다면 더는 할 말이 없어진다.

우리가 이러한 아이는 희생자이고 어른은 가해자라는 도식에서 벗어나려면 관점을 바꿔야 할 필요가 있다. 우리는 앞의 장에서 다음과 같은 질문을 통해 답을 얻었다.

- 내면의 비판자는 과연 누구를 평가 대상으로 삼는가? 그것은 바로 어른자아가 아닌 상처받은 내면 아이이다.
- 내면에서 비난하는 자, 실수를 지적하는 자, 모든 것을 망치는 자 등 폭군들의 숨은 의도는 과연 무엇인가? 그것은 바로 당시의 상처받은 아이를 보호하려는 것이다.
- 모든 상황을 꿰뚫어볼 수 있는 것은 누구인가? 오직 어른자아만이 가능하다.
- 그렇다면 그 또는 그녀라는 어른자아는 왜 그렇게 하지 않는가? 왜냐하면 그 어른자아는 자동항법 모드로 전환됨으로써 스스로 비행 조종을 할 수 없는 상태에 처했기 때문이다.

지금까지 한 이야기를 요약해보면 다음과 같다.

우리 안의 어른은 자신을
과거의 상처받은 내면 아이라든지
내면에서 어른 역할을 떠맡는 이(명칭: 내면의 비판자)와
끊임없이 혼동하는 것을 그만두어야 한다.

만약에 당신이 관점을 바꾸고 어른의 시각을 되찾아서, 담담하고

친절하며 어떠한 가치판단 또는 가치평가를 내리는 일이 없이 상대방을 본다고 치자. 안타깝게도, 이렇게 한다고 해서 자신을 깎아내리는 일이 끝난다거나 앞으로 당신 자신의 자존감이 낮아지는 경우가 없을 거라고 말할 수는 없다. 이것은 단지 당신에게 이러한 상황이 닥친다고 하더라도 어느 정도는 객관적인 태도를 유지할 수 있다는 것만을 의미한다. 그리고 그러한 기분에서 어느 정도 거리를 둘 수 있는 심리적 공간을 확보하게 되고, 당신이 어디에 주의를 기울인 것인지를 결정하는 권한이 당신 손 안에 있음을 의미한다.

다음은 탈동일시를 위한 첫 걸음을 내딛으려 할 때 거쳐야 할 과정이다.

첫 번째 걸음: 당신 스스로를 실패자나 바보, 또는 그와 비슷한 어떤 것으로 몰아붙여서는 안 된다. 그것은 당신 자신을 제대로 보지 못한 것이다. 이런 식의 판단은 당신 자신을 공격하고 싶어 하는 내면의 한 부분에서 나온 생각이다. 물론 자신을 보호하려는 의도에서 그렇게 비난했다 할지라도 그것은 옳지 않다. 설령 자신이 바보 같다고 할지라도 그것은 어디까지나 당신의 한 단면을 가리키는 말이다.

두 번째 걸음: 이는 첫 번째에서 한 걸음 더 나아간 것이다. 당신이 자신

에 대해서 그리는 현재의 이미지가 바로 당신 자신이다. 과거 또는 미래의 이미지는 아무런 의미가 없다.

이렇게 하면 당신은 내면의 목소리에 대해서 객관적인 거리를 확보할 수 있게 된다.

당신 내면의 부분자아는 아주 불편해하며 짜증 내거나 화를 낸다. 그러나 그것이 당신이라는 사람 전체는 아니다. 모든 상황을 다 통찰할 수 있는 어른자아가 당신 내면의 다른 부분을 이루고 있다.

선의 세계에서는 다음과 같이 말한다.

- 나는 내 생각을 바라볼 수 있다. 그러므로 나는 내 생각보다 커다란 존재다.
- 나는 내 감정을 관찰할 수 있다. 그러므로 나는 내 감정보다 커다란 존재다.

이러한 객관화를 위해서는 당신 내면의 어른자아가 깨어나서 무기력한 상태를 깨고 나와야 한다. 그와 동시에 아이자아와의 탈동일시가 일어나야 하며 자동항법 장치를 끄고 조종간을 다시 붙잡아야 한다. 이 과정을 방해하는 요인으로는 무엇이 있을까? 어린 시절에 애정과 관심과 보살핌과 이해를 받지 못한 기억 탓에 또다시 상처받으리라고 굳게 믿는 것이다. 우리는 때때로 과거의 기억을 떠올리면

서 가슴이 아프거나 고독해하거나 그리움을 느끼거나 복수심을 품
거나, 과거가 달랐으면 하고 바라며 회한에 젖기도 한다. 하지만 어
린 시절은 이미 과거 속으로 지나간 것이며, 우리는 어린 시절을 바
꿀 수 없고 그것을 바라보는 우리의 관점만 바꿀 수 있을 뿐이다.

이제 당신 안의 상처받은 부분을 변화시키고 치유하는 방법들을
찾기에 앞서서, 나머지 '내면의 비판자'들에 대해 관심을 두고 살펴야
한다.

12장

내부의 보호기제
또는 확장된 '내면의 비판자 집단'

우리는 지금까지 내면의 무대에 오른 세 배우, 즉 어른자아, 내면의 비판자, 그리고 그 뒤에 숨어 있는 상처받은 아이에 대해서 살펴보았다. 그런데 우리 내면의 무대에는 그보다 더 많은 인물이 등장한다.

바로 앞의 장에서 설명하고자 했던 것은 탈동일시가 오랫동안 해결되지 못한 해묵은 문제들에 대한 새로운 해결책이며, 자아가 다른 내부 자아들과 대화하려면 탈동일시가 기본 전제가 되어야 한다는 것이다. 부분자아 치료를 할 때 우리는 기본적으로 우리 마음속에서 모든 부분자아들이 각자 어떤 역할을 맡고 있다고 가정한다. 부분자아들의 목표는 전체자아를 돕는 것, 즉 전체자아의 생존이다. 다시 말해 우리는 내면의 모든 부분을 존중하고 그들의 가치를 인정

제이 얼리의 개념을 도식화한 '내면의 비판자 집단'

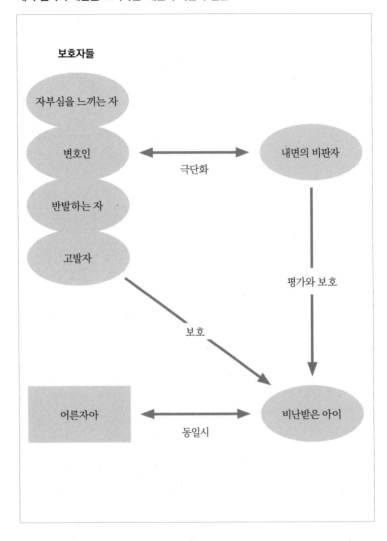

해야 한다는 얘기다. 이는 상처받은 내면 아이는 물론이거니와 내면의 비판자에게도 똑같이 해당된다.

당신은 내 말에 반박하고 싶을 것이다. 그러나 만약 당신이 솔직하다면 우리에게 '초콜릿처럼 달달하고 사랑스러운 면'과 함께 어두운 면도 공존한다는 사실을 인정하는 것 외에는 다른 선택의 여지가 없다. 나는 그동안 심리치료를 해오면서, 환자들이 지금까지도 여전히 겁에 질려 있고 모든 상처에 아주 민감하게 반응하는 자신의 내면 아이를 따뜻하게 안아주면서 위로하는 게 무척이나 어려운 일임을 알게 되었다. 마치 내부의 완벽주의자가 무어라 말하는 것이 그 말 뒤에 "어머나, 너는 참 수줍어하는구나."라며 위로하고 지지해주기 바라는 마음을 감추고 있다는 사실을 알아차리는 것만큼이나 어려운 일이다. 그렇다면 당신 내면의 비판자는 왜 그토록 평가에 민감할까?

당신이 만약 그와 적대적 관계에 있고 그가 아주 머나먼 곳으로 도망치기만을 바란다면, 그는 당신을 끊임없이 공격하거나 당신의 행동을 자신에 대한 위협으로 생각하기보다는 아예 당신과 대화하는 것 자체를 그만두게 될 것이다. '심리치료사를 위한 지침'을 보면 이를 "어떤 증상으로부터 도망치려고 하면 할수록 그 증상은 더욱 심해진다."라고 표현한다.

나는 당신이 좀 더 편안하게 생각했으면 한다. 당신 내부에 있는 이는 그저 자기 일을 할 뿐이며 그는 자신이 하는 일이 옳다고 아주 강력하게 확신하고 있다. 그와 싸우느라 기운 빼지 마라. 아무리 애를 쓴다 해도 당신은 어차피 지게 되어 있다. 영국 속담에 이런 말이 있다. 영국인들은 강력한 적을 만나면 다음과 같은 전략을 취한다. "이길 수 없다면 손을 잡아라."

　내면의 비판자가 왜 그토록 비난하고 상처주며 비열한 말을 당신에게 하는지 그의 의도를 알아보고 이해하려고 노력하는 순간, 모든 것이 달라질 것이다. 내면의 비판자는 당신이 좋은 평가를 받도록 노력하게 하려는 것이다.
　물론, 이것이 아주 어렵다는 것을 잘 알고 있다. 내가 방금 몇 가지 어려운 주제에 관해 설명했는데 당신은 아주 약간만 설득되었을지도 모른다. 당신은 내 말에 동의하겠지만 당신 내면의 어느 부분에서는 어떠한 평가도 받아들이지 않으려고 한다.
　당신은 내면의 비판자에 대해서 어떠한 호기심이나 동정심을 느끼지 못할 수도 있다. 그렇지 않은가? 내면에서 끊임없이 공격하고 상처주고 비난하고 부끄러운 기분이 들게 하고 죄책감을 일으키는 부분에 대해 화가 나고 그에 대해서 맞서려고 하는 것은 아주 자연스러운 일이다. 그러나 이러한 내면의 비판자들(또는 내면의 다른 부분자아들)과 맞서는 것은 언제나 싸움만 불러올 뿐이며 화해나 용서는 기대할 수도 없다. 나는 지금 이 순간 이 책을 읽는 당신의 어른자아가 이 사실을 이해하고 받아들였기를 바라고 있다. 그러나 당신의 마음 한편이 불편하지는 않은가? 당신 내면의 반발심은 어디에서 비롯되는가?

부분자아 치료는 기본적으로 어른인 당신이 바로 지금 여기에서 내면의 비판자들에게 친절하고 호기심을 보이며 고정관념 없이 그와 가까워지려고 한다는 점을 염두에 두고 이루어진다. 내면의 비판자를 향한 으르렁거림이나 거절은 당신 머릿속의 다른 거주자나 다른 부분으로부터, 즉 우리가 **보호자**라고 부르는 이들로부터 나온다. 그들은 일종의 내부 방어부대로서, 여러 해 동안 당신 내면의 연극 무대에서 내면의 비판자들에 대항하여 나타난 이들이다. 그들의 임무는 당신을 내면의 비판자들로부터 보호하거나 그의 비난을 반박하는 것이다.

이러한 임무를 성공적으로 수행하고자 방어부대는 다양한 구성원과 전략을 개발했다.

- 내부의 대변인/변호인
- 자부심을 느끼는 자
- 반발하는 자
- 내부의 고발자

만약 당신이 이미 수년 또는 십여 년 동안 당신 내면의 비판자와 함께 살아왔다면 분명히 당신이 살아온 인생의 어느 기간에는 그의 비난에 때로는 잘 대응하고 때로는 잘못 대응했던 순간들이 있었을 것이다. 내면의 비판자들이 가하는 비난에 잘 대응했던 시기에는 아마도 보호인단이 도왔을 것이다. 그들이 맡은 역할을 제대로 해냈을 경우에는 더욱더 강해져서 내면의 무대 앞으로 한 발짝 더 앞으로 나아갔다. 그렇게 해서 내면의 비판자들에게 대항하는 하나의 군단이 만들어졌다.

그러면 이러한 그룹에 대해서 좀 더 자세하게 설명하겠다.

내부의 변호인은 이성적인 사고의 영역에서 내면의 비판자 검사에게 변론을 한다. 그는 검사의 비난에 대해서 반박할 근거 자료들을 수집하고 피고가 과거에 보여주었던 좋은 행동과 성과들을 들고 나온다. 그리고 피고의 좋은 측면을 부각하려고 무척이나 애를 쓴다. 앞에서 언급한 남아프리카 강연에서 내 내부의 변호인은 "예, 맞습니다. 하지만⋯⋯."이라는 전략을 사용했다. "물론 강연하는 게 쉬운 일은 아니고, 게다가 영어로 하는 것은 더욱 어렵죠. 하지만 그는 휴가를 떠난 곳에서는 영어로 쉽게 의사소통할 수 있어요. 그는 영어로 된 논문을 아무 문제도 없이 잘 읽어요. 그는 예전에도 그와 비슷한 강연을 성공적으로 한 경험이 있습니다." 이러한 전략을 사용하는 것 이외에도 내부의 변호인은 당신의 재능과 강점을 사용하는 데에 도가 텄다. 우리는 환자들을 치료할 때 그들이 겪는 두려움이나 무기력함, 실패 등의 상황에 초점을 맞춰 그들의 능력과 장점을 사용하여 그 상황을 제어할 수 있게 하는 여러 전략을 가르쳐준다.

이 방법은 효과적이며, 응급처치로서는 아주 유용하다. 하지만 내 경험으로는, 그렇게 하는 것은 장기적으로 볼 때 충분하지 않다.

자신의 강점을 잘 활용하고 내부의 변호인들이 사용하는 "예, 맞습니다. 하지만……." 전략을 쓰는 것 이외에도 **스스로 자부심을 느끼는 자**가 또 등장한다. 이 '자신만만' 씨는 내 귀에 대고 속삭인다. "그런 일을 하는 것 정도는 식은 죽 먹기와 같아. 나는 다른 사람들에게 내 능력을 보여주고 말 테야. 도전과제들은 내가 최상의 상태에서 어떤 일을 처리할 수 있게 해주는 휘발유와도 같은 것들이지."

다른 상황에서는 나는 내부의 **반발하는 자**를 만나게 된다. 그는 문제를 아주 공격적으로 받아들인다. "나는 아무것도 받아들이지 않을 거야. 누가 나에 대해서 뭐라고 비난하건 간에 나는 듣지 않을 테고 그가 말하는 그대로 복수해줄 거야. 나는 그가 하는 말에 위축되지 않을 거야. 흥, 그렇게 하기만 해봐."

그리고 **내부의 고발자**, 즉 모든 것을 언제나 남의 탓으로만 돌리는 사람이 있다. 그는 언제나 앞으로 나가는 것만을 전략으로 삼는다. 그는 무슨 일이 잘못되었을 때 언제나 다른 사람의 탓으로 돌리며 트집거리를 찾아낸다. "다른 사람들은 내 가치를 몰라볼 정도로 어리석기 짝이 없어. 날씨는 너무 나빴고 세상은 너무 배은망덕해."

내부의 비판자 집단은 내 가족이나 마찬가지다. 사진을 찍는다면, 어

른 요헨의 주위에는 보호자들과 내부 고발자의 모습이 나타날 것이
고, 당신이 이미 알고 있을 내부의 완벽주의자와 망신당한 열두 살
짜리 요헨도 그 옆에 있을 것이다.

　내부의 보호인단은 당신이 내면의 비판자들에게 우호적이거나 중
립적인 시선을 건네려고 노력할 때에도 등장해서 영향을 미친다. 그
렇기에 당신이 이성적으로 생각하고 판단한다고 해도, 내면의 비판
자를 우호적으로 또는 중립적으로 바라보는 것은 참으로 어렵게 느
껴진다. 이들 변호인, 즉 당신 내면의 무대 위에서 방어부대로 활동
하는 자들이 우선 한 발짝 옆으로 비켜서야만, 당신은 대화 상대인
'내면의 비판자'들을 전체적으로 잘 관찰할 수 있다.

　그들은 그야말로 아주 걸출한 방어부대다. 게다가 당신과 함께한
다. 그들의 주요 방어선은 무엇이며, 누가 당신의 내부에서 일어나는
주요 전투에서 제공권을 장악하고 있는가? 그렇다. 당신 생각이 옳
다. 대개는 내면의 비판자가 이긴다. 그런 다음에는 그는 또다시 자
신이 아주 강해졌다고 느낀다.

　당신이 이 장의 앞부분에 소개된 도식을 다시 한 번 본다면, 보호
자들이 내면의 비판자들과 함께 대치하는 과정에서 여러 명이 단체
로 등장함으로써 긴장된 국면을 조성하지만, 그들이 그런 행동을 하
는 동기는 내면의 비판자들과 마찬가지로 상처받은 내면 아이를 보
호하기 위해서였다는 점을 돌이켜보기 바란다. 잘못이나 부끄러움
이나 상처받는 것으로부터 보호하거나 이러한 일들을 예방한다는

목표는 같지만, 이를 달성하는 데에는 서로 다른 전략이 존재한다. 바로 그렇기 때문에 첨예한 대립과 갈등이 일어난다. 마치 정치판의 모든 정당이 각자 자기 노선을 고수하면서 영향력을 넓히려고 안간힘을 쓰는 것처럼 말이다.

이제 내면의 비판자들에게 어떤 종류가 있는지 모두 다 소개했으므로 이들과 평화롭게 지내는 방법만이 남았다.

13장

내면의 비판자와 친해지기

당신은 이제 나와 함께 이렇게 내부에서 들려오는 목소리의 주인공들, 그리고 상처받은 어린 자아들과 협력하기로 결심했는가. 그렇다면 그것은 과거에 상처받은 내면 아이와 그의 보호자인 '내면의 비판자 부대'를 만들어낸 아픔과 상실, 그리고 슬픔을 다시 마주쳐야 한다는 것을 의미한다. 우리는 안전한 어른자아 관찰자의 위치에서 다시 한 번 '상처받은 아이'와 '내면의 비판자'들이 나타났던 그 최초의 시점으로 돌아가야 한다. 이때 중요한 것은 당신이 상처받은 아이나 내면의 비판자 중 누구의 편도 들어서는 안 된다는 점이다. 이에 대해서는 11장의 탈동일시 부분에서 다룬 바 있다. 만약 아직도 확신이 서지 않는다면 그 장을 다시 한 번 읽어보기 바란다.

지금부터 우리 눈앞에 커다란 텔레비전이 있고, 그 텔레비전에서는 8장에서 다룬 바 있는, 어린 시절 당신에게 가장 깊은 영향을 준 결정적인 장면이 펼쳐진다고 상상해보라. 당신은 관찰자의 위치에서 있어야 한다. 그리고 어떠한 경우에도 그 상황에 개입하지 말고 일정하게 거리를 두고 떨어져 있어야 한다.

감정을 뒤흔들어놓는 한 편의 영화를 보는 동안 당신 안에서 어린 시절의 느낌이 되살아나는지를 관찰해보라. 그리고 그 장면들을 호기심 어린 눈으로 우호적으로 또는 중립적으로 바라보고 있는지를 판단해보라. 만약 그러고 있다면 당신은 자신의 내부를 관찰자의 눈으로 바라보는 것이다. 좋다, 아주 좋다. 계속 그렇게 하기를 바란다.

그러나 그와는 반대로 무기력하게 느껴지거나 자신이 별 볼 일 없는 존재로 느껴지거나 화가 나는가? 만약 그렇다면 당신은 상처받은 내면 아이와 자신을 동일시하는 것이다.

혹은 그렇지 않고 아이의 처지에 있는 것처럼 비참한 기분이 들며 어른이 화를 내면서 당신에게 비난을 퍼붓는 것이 당연하다고 느껴지는가? 만약 그렇다면 당신은 내면의 비판자와 자신을 동일시하고 있는 것이다.

이때 우리가 가장 먼저 할 수 있는 일은 무엇일까? 우리가 과거의 자아들과 우리를 동일시하려는 것에서 벗어나려면 가장 먼저 해야 할 일은 우리 관점을 바꾸는 것이다. 다시 말해 만약 당신이 진정으로 어떠한 사람인지 정확하게 알아보려면 자기 자신을 과거의 자신과 동일시하지 **않아야 한다**는 것이다. 당신이 자기 자신과 동일시하려는 대상은 그저 과거의 상 또는 유령일 뿐이며, 그것은 우리가 지닌 기억들의 틈새 사이로 기어 나온 존재들이다. 우리는 그 이상의 존재다. 그런데도 우리는 외부에서 강요받은 대로, 우리 내면의 일부를 우리 전체라고 생각하며 '과거의 희생자'라는 이미지에서 벗어나지 못하는 경우가 흔하다. 그러나 이런 일은 대부분 무의식적으로 일어난다. 그런 생각을 쉽게 떨쳐버리지 못하는 것은 당신이 머리가 나쁘거나 모자라서 그런 것이 아니라 그럴 만한 이유가 있어서다.

과거를 회상했을 때 기억나는 장면이 어른들의 횡포로 희생양이 된 내면 아이의 모습이라고 예를 들어보자. 그렇다면 그를 다시 현재로 데려오려면, 그를 보면서 그의 위기를 알아차리고 그의 고통을 이해해야 한다. **현재로 데려오기**란 당시의 사건에 머물러 있는 시간의 고리를 끊는 것을 의미한다. 과거의 모든 순간은 현재에 다시 되풀이된다. 혹시 〈사랑의 블랙홀Groundhog Day〉이라는 영화를 본 적이 있는가? 정확히 그와 똑같은 상황이다.

그러나 아직 본격적으로 시작하지 않았다. 일단 당신 자신을 내부의 상처받은 아이와 동일시하는 생각을 버려야 한다. 당신 내부의 아이자아에게 말을 걸어서, 당신이 그의 어려움을 이해하게 되었지만 조금만 더 참아야 한다고 말하라. "우선 내면의 비판자와 이야기하고 나서 꼭 다시 찾아올게. 그때는 내가 너를 고통에서 벗어나게 해서 다시 현재로 데려올 거야."

그러나 우리가 이 모든 것을 하기 전에 먼저 내부의 비판자들을 기쁘게 하고 그들이 '상처받은 아이 치료하기'라는 일에 동참하게끔 끌어들여야 한다. 이것이 우리가 가장 먼저 해야 할 일이다. 이때 당신은 내면의 비판자들에게 확실하게 설명해야 한다. 즉, 어른인 당신과 당신 내면의 비판자들은 어린 시절의 상처나 고통, 외로움이나 망신 등의 경험을 다시 되풀이하지 않게 하려고 노력하는 존재이며, 결국 같은 목표를 추구하고 있다는 점을 말이다. 이것이 바로 협상의 기본이다. 그렇지 않은가?

당신이 협상을 시작하기 전에 몇 가지 기억해야 할 중요한 내용들이 있다.

- 당신을 조종하고 무기력하게 하는 것은 보통 당신 의지와 상관없이 무의식적으로 이루어진다. 당신이 다시 주도권을 쥐려면 가장 먼저 해야 할 첫 번째 일은 이러한 과정을 최대한 의식하는 일이다.
- 기본적으로 내부의 비판자들을 무시하려고 하면 할수록 그들은 더욱 막강해진다는 점을 명심해야 한다.
- 당신의 자기평가, 그리고 내면의 비판자들이 하는 말은 당신이 과거에 경험한 것을 바탕으로 한다.

- 모든 비난을 강력하게 부인하려는 노력들은 모두 과거의 어린아이가 분노한 상황에서 나오는 것들이다. 스스로를 희생양으로 생각한다는 것 자체가 당신이 과거의 아이와 자신을 동일시함을 의미한다.
- 탈동일시란 자신을 아이자아나 내면의 비판자, 또는 막강한 힘을 지닌 어른들과 같은 존재로 보지 않고 일정한 거리를 유지하는 것을 뜻한다.

다음은 내면의 비판자와 처음으로 대면하기 전에 알아두어야 할 것들이다.

당신은 내면의 비판자들 중 누군가에게 끔찍한 공격을 받는 경험을 하게 된다. "어이, 이봐, 실패자! 넌 또 바보처럼 행동했고 너무나도 멍청했어." 과거의 목소리가 지금까지 영향력을 발휘하도록 그냥 내버려둔다는 것은 우스운 일이 아닌가. 그렇지만 당신의 의지와는 상관없이 당신은 이 말을 들으면 다시 한 번 즉각 반응한다. 이때 당신은 그와 논쟁을 벌이든지 부정하든지 정당화하든지 도발하든지 할 수도 있고, 또는 그에게 당신의 처지를 해명하거나 그에게 협상을 제안할 수도 있다. 그렇게 함으로써 당신은 그에게 당신을 판단하고 평가하게 하고, 그에게서 최대한 좋은 평가를 받으려고 노력한다. 그리고 궁극적으로는, 여전히 그를 이기고 싶어 한다.

하지만 이런 노력을 기울인다고 하더라도 결국에는 다른 내면의 비판자들과 휘말리게 될 뿐이다. 내면의 비판자들을 이기고 싶다는 욕망에서 벗어나는 것은 무척이나 어려운 일이다. 하지만 내면의 비판자들에게 자꾸 얽히지 않으려면 이러한 욕망을 이겨내야만 한다.

당신 내면의 비판자를 이기겠다는
생각을 버리기 바란다.
당신은 반드시 질 것이기 때문이다.

이에 대해 바이런 브라운Byron Brown은 다음과 같이 말했다.

"당신은 혹시 당신 내부로부터의 공격(내 표현으로는 내면의 비판자들이 늘어놓는 장황한 설교)이 원래는 아주 강력하고 아픈 감정(거절당하는 것, 아픔, 배신, 약점, 무력감, 슬픔, 그리고 심지어 기쁨이나 열정까지도)으로부터 자신을 보호하려는 차원에서 나온 것임을 아는가. 당신은 내부의 재판관에게 모든 것을 내맡김으로써 이 모든 감정에 일일이 대응하여 행동하는 것을 포기했다. 이제 당신은 이런 번거로움에서 풀려나는 방법을 배우고 있는데, 모든 공격이 멈추었다고 할지라도 반드시 기분이 한결 좋아지지는 않는다는 사실을 알게 되었을 것이다. 또한 당신 내부의 재판관이 당신을 보호하려고 애썼던 원래의 그 감정이 또다시 나타날 수도 있다. 예를 들어 당신을 무력감으로부터 보호하려고 당신을 내부에서 공격하던 죄책감이 당신이 더는 죄책감을 느끼지 않게 되는 순간에 다시 나타나는 경우가 있다."(참고문헌 중 바이런 브라운의 책 2001년도 책 333쪽을 참조하라)

내면의 비판자들이 자신의 보호 기능을 취소할 때는 우리가 어린 시절에 받았던 오래된 상처가 더욱 심해지지 않도록 아주 조심해야만 한다.

1단계: 탈동일시, 그리고 내면의 비판자들과의 접촉

다시 한 번 당신이 아직도 관찰자의 위치, 즉 당신의 어른자아 상태에 있는지를 스스로에게 물어보라. 만약 당신이 자신을 아이자아가 보이는 유약함, 또는 내면의 비판자가 지닌 강인함과 동일시하고 있다는 느낌이 든다면 **탈동일시**하기 바란다. 당신이 중립적이거나 호의적으로 당신 내부의 무대를 관찰할 수 있게 되면 다음 단계를 계속 이어나가라.

주의사항: 먼저 다음의 연습문제를 풀어보고, 내가 하라는 대로 눈을 감거나 눈앞의 어떤 특정한 지점을 조용히 응시하기 바란다.

탈동일시 연습

잠시 눈을 감고 당신이 만나고 싶은 내면의 비판자가 구체적으로 어떤 모습을 하고 있는지를 상상해보라. 가장 좋은 방법은 당신이 아는 어떤 실제적인 인물이 아닌 상상 속의 인물이나 동화 속 주인공, 또는 영화나 만화 등의 주인공을 상상하는 것이다. 그가 가장 즐겨 하는 이야기는 과연 무엇인가? 내부의 눈이 다시 밝아진 느낌이 드는가? 좋다. 그렇다면 계속해보자. 지금 당신이 내면의 비판자에 대해 머릿속으로 그린 이미지를 보면서 당신 자신은 어떻게 반응하는가? 당신은 그를 마주보면서 어떤 기분이 드는가? 그가 아주 작고 겁에 질려 있다고 생각되는가? 만약 그렇다면 그것은 당신이 내면의 비판자 등 뒤에 숨은 상처받은 내면 아이와 자신을 동일시했다는 뜻이다. 왜냐하면 현재 어른인 당신이 아니라 오직 이 내면 아이만이 내면의 비판자가 내뱉는 혹독한 말을 두려워하기 때문이다. 내면의 비판자와 상처받은 아이의 양면적 관계를 생각해보라. 아이는 한편으로는 내면의 비판자가 가하는 공격에 상처를 받고 몹시 두려워한다. 그러나 또 다른 측면에서 바라보면 내면의 비판자는 아이를 보호하려고 끊임없이 노력한다. 그러나 아이는 그의 의도를 이해하기 어렵다.

내면의 비판자들을 떠올려보고 계속해서 그들과 일정한 거리를 유지하도록 하라. 잘되는가? 서두르지 말고 느긋하게 해나가라. 중립적인 자세를 유지하는 것은 어느 정도 연습과 인내가 필요하다. 최대한 원숙한 어른의 태도를 유지하도록 노력해보라. 그렇게 하면 내면의 비판자는 당신에게 덤비지 못할 것이다. 이 단계가 잘 진행되면 그다음 단계로 넘어가도 좋다.

이제 내면의 비판자가 보호하는(그리고 때로는 공격하는) 아이를 눈 앞에 그려볼 차례다. 아이는 어떤 모습인가? 아이는 어떤 옷을 입고 있는가? 관찰자의 관점을 유지하고 자신을 그 아이와 혼동하지 말아야 한다. 아이에게 직접 말을 걸어 한 발짝만 옆으로 비켜달라고 부탁하라. 그 아이가 심리적으로 안전하다고 느낄 수 있는 곳으로 옮겨가도록 하라.

그 아이가 안전한 곳으로 자리를 옮기고 나면 2단계를 진행하도록 하라.

심리적으로 안정감을 느끼는 장소가 어딘지에 관해서는 이 책의 부록에 나와 있다.

2단계: 내부의 보호인들에게 옆으로 비켜달라고 부탁하기

혹시 당신의 내면에는 내면의 비판자들을 강하게 비난하는 목소리들(변호인, 자부심을 느끼는 자, 반발하는 자와 고발자 등 보호자의 목소리)이 들려오고 있지 않은가? 만약 그렇다면 이제 당신이 내면의 비판자들을 직접 상대할 수 있도록 이들에게 옆으로 조금만 비켜달라고 부탁하라.

만약 상처받은 내면 아이가 안전한 곳에 있다는 확신이 든다면 내면의 비판자가 어떤 모습을 하고 있는지 다시 한 번 자세히 살펴보

라. 혹시 약간의 호기심, 그리고 호의로써 그를 대할 수 있는가? 만약 그렇지 않다면 다음의 훈련을 따라 해보기 바란다.

내면의 비판자와 내부 보호인단을 서로 분리하는 훈련

내면의 비판자를 잘 살펴보는 동안, 내부 보호인단의 구성원 중 한명이 무대 앞으로 나와서 한데 섞이는 것을 볼 수 있다. 그가 내면의 비판자에 대해 반박하는 말을 잘 들어보라. 그러고 나서 당신이 내면의 비판자와 직접 대면할 수 있도록 그에게 옆으로 비켜달라고 부탁해보라. 이렇게 하면 내면의 비판자가 화를 덜 내거나 덜 상처받을 수 있다.

사실 이는 보호인단을 위해서 하는 행동이기도 하다. 그런데도 보호인이 여전히 비협조적으로 나온다면, 그것은 당신에게서 더 많은 지지를 얻고 싶다는 것을 뜻하며, 당신을 위해서 끊임없이 '내면의 비판자들을 제거해온 일'에 대해 당신이 좀 더 칭찬해주기를 바란다는 뜻이다. 물론 그가 하는 일은 당신을 위해서 매우 중요하다. 그리고 그와 그의 나머지 동료들은 과거에 당신이 내면의 비판자들에게 대항할 수 있도록 여러 번 도움을 준 적이 있다. 내부 보호인단의 노고를 다시 한 번 치하하고 이번에는 그에게 정말 옆으로 물러나달라고 또다시 부탁해보라. 그는 결국 그렇게 할 것이다. 그에게 고맙다고 말하라.

3단계: 내면의 비판자와 직접 대면하기

이제 내면의 비판자와 직접 대면할 수 있게 되었다.

다시 한 번 눈을 감고 지금 당신이 만나고 싶어 하는 내면의 비판자가 어떤 모습을 하고 있는지를 눈앞에 떠올려보라. 그러고 나서는 그에게 "나를 비난하고 평가하는 목적은 무엇인가요?"라고 물어보라.

내면의 비판자가 왜 그러한 행동을 하는지, 어떻게 행동하는지, 목적이 무엇인지, 그리고 내면에서 어떠한 기능을 하는지를 하나하나 자세히 말할 수 있게 하라. 그의 말을 정확히 듣고 그에게 질문을 던지며 당신이 그동안 계속해서 들어왔던 그의 가혹한 말 뒤에 숨은 그의 **선의**가 무엇인지를 이해하도록 해야 한다. 만약 그가 누구를, 또는 무엇을 보호하는지 알게 되었다면, 이제는 몇 년 동안 그가 기울여온 노력과 수고를 인정하고 그에게 감사하는 마음를 표현할 때가 된 것이다.

그런데 만약 그의 의도가 무엇인지를 묻는 당신의 질문에 그가 대답하기를 원하지 않고 당신에게 차가운 태도로 등을 보인다면 어떻게 해야 할까? 그렇다면 그에게 다음과 같이 질문하도록 해보자. "당신은 내 질문에 대답하면 무슨 일이 벌어질 것이라는 생각 때문에 두려워하고 있나요?" 나는 당신 내면의 비판자가 뭐라고 대답할지 정확히 맞힐 수는 없지만, 그가 지금 당신이 자신을 무시하고 없애버리려고 한다며 두려워한다는 것은 99퍼센트 확신할 수 있다. 당신 내면의 비판자가 당신과 이야기하지 않으려고 드는 것이 인간적으로는 이해되지 않는가?

이제 내면의 비판자는 당신에게 자신을 없애지 않을 것인지 물을 것이다. 이때 당신은 내면의 비판자에게 당신이 그 누구도 제거하지 않을 거라고 확실하게 말해야 한다. 당신은 그의 행동 동기를 이해하려고 하고 있으며 내면의 모두를 위해 에너지를 덜 소모하면서도 자존감을 떨어뜨리지 않는 해결책을 찾을 것이라고 말하라. 여기에 반대할 이는 아무도 없을 것이다. 내면의 비판자가 긴장을 풀고 당신과 같은 눈높이에서 동등하게 허심탄회한 대화를 나누도록 하는 것이 이 협상의 목적이다.

다음에 소개하는 사례는 내 진료실에서 실제로 벌어졌던 일로서, 내면의 비판자와 어떻게 대화를 이어나갈 것인지를 잘 보여줄 것이다.

파울의 사례

스물세 살인 파울은 번번이 지각하는 바람에 작년에 뉘른베르크시가 제공하는 직업 실습 기회를 두 번이나 놓치고 말았다. 일 자체는 마음에 들었지만, 그는 도저히 아침 7시 30분에 일어날 수가 없었던 것이다.

그의 내면에서 닦달하는 자는 아주 강경하고 단호한 목소리로 말한다. "빨리 일어나, 이 게으름뱅이야." 목소리의 주인은 남성이며 '노예 감독관'으로 불린다. 이에 반해 파울의 내면에는 그를 보호하려는 목소리도 아주 강하게 들린다. 파울의 이 보호인은 반발하는 자 또는 반항하는 자인데, 그의 이름은 '알게 뭐야!'다. "나한테 뭐라고 하기만 해봐라. 가만 안 있을 테니." 파울은 지금까지 살아오면서 과연 어떤 일을 겪었던 걸까?

1단계: 파울은 어른 관찰자의 위치에 서서 상처받은 내면 아이 또는 내면의 비판자, 그 어느 쪽의 처지와도 객관적인 거리를 유지하는 법을 배우게 되었다.

2단계: 그는 "알게 뭐야!"라고 말하는 목소리의 주인공과 대화하고 그의 선의를 인정해주었으며, 내면의 닦달하는 자와 직접 대면할 수 있도록 그에게 한 발 옆으로 물러나달라고 요청했다. 그러자 "알게 뭐야!"라고 하는 이는 마지못해 이를 수락했다.

요헨 파이힐: 파울 씨, 닦달하는 자가 당신에게 "빨리 일어나, 이 게으름뱅이야."라고 할 때, 그렇게 말하는 목적은 과연 무엇일까요?

파울: 그는 돌아서서 저하고는 더는 말하지 않아요. 그는 점점 더 크고 위협적인 목소리로 말해요.

요헨: 좋습니다. 그가 우리와 이제 대화하고 싶지 않은지를 한번 물어보

세요. 그는 우리를 믿지 못하나요?

파울: 그는 대화에 도통 흥미가 없어요. 그는 우리 질문에 대답하고 싶어 하지 않아요.

요헨: 그렇군요. 음⋯⋯. 그가 무엇을 두려워하는지 물어봐주세요. 그가 만약 우리 질문에 대답한다면 어떤 일이 벌어질 것 같은지, 그리고 우리가 만약 그를 더 잘 이해하면 어떨 것 같은지.

파울: 그는 우리가 자기를 꾀어내어 조각내고 쓰레기통에 던져버려서 없애버릴 거라고 해요.

요헨: 그렇군요. 그가 그렇게 생각하는 것을 이해할 수 있을 것 같아요. 우리한테는 그럴 의도가 전혀 없다고 그에게 전해주세요. 그와 반대로 우리는 우리 내부의 모든 부분자아들이 우리를 돕는 존재라고 생각하고 있어요. 우리는 그 어떤 부분자아와도 싸우거나 전쟁을 일으키지 않아요. 우리는 그들의 의도, 원하는 바를 더 잘 이해하고 싶어해요. 우리, 그럼, 닦달하는 자와 잠깐 만나서 그가 왜 그렇게 행동하는지를 알아보기로 해요. 괜찮으시죠?

파울: 그는 저에게 뭐라고 지시하는 것이 자기 일이며 그 일이 재미있다고 하네요.

요헨: 무슨 의도에서 그렇게 하는지 그에게 한번 물어봐주세요.

파울: 그는 제가 게으름뱅이라서 걱정된다고 해요. 저는 이미 두 번의 직업 실습 기회를 놓쳐버렸고 만약 자기가 저에게 압력을 가하지 않으면 제가 곧 막다른 골목에 다다르게 될 거라고, 다리 밑에서 사는 거지

처럼 될 거라고 하네요.

요헨: 아, 그렇군요. 그는 정말 진지하게 걱정하고 있군요. 그는 누가 억지로 뭘 시켜야만 당신이 일하는 것을 원하지 않는 것 같아요.

파울: 네. 그는 제가 지금 하고 있는 직업 수습기간을 무사히 마치기를 바라는데, 이전에 시에서 제공했던 직업 실습 기회를 놓쳤던 때와 비슷하게 굴다가 또 실패할까 봐 걱정하는 것 같아요. 지금 제가 일하는 곳의 사장님은 제가 만약 일을 잘하면 정규직으로 채용하겠다고 약속했어요.

요헨: 아, 네. 당신 내면의 닦달하는 자는 이번에도 또 당신이 직업 실습 기회를 잃게 될까 봐 걱정하는 마음에서 당신을 그처럼 몰아붙이고 자신에게 대항하는 반항하는 자와 싸우는군요.

파울: 네. 그렇습니다.

요헨: 파울 씨, 이제 내면의 비판자가 하는 말 뒤에 숨어 있는 선의를 알게 되셨나요?

파울: 네. 그가 말하는 내용이 제 가슴을 아프게 하기도 하지만 그의 말에도 일리가 있어요. 어떨 때는 그의 말을 완전히 무시하거나 제 고집 때문에 그 말을 이해하지 못하기도 해요. 정리정돈과 관계된 일은 모두 어딘지 모르게 거부감이 들어요. 저도 왜 그런지는 잘 모르겠어요.

요헨: 그래요. 우리 그 원인을 함께 찾아볼까요? 닦달하는 자가 장황한 말을 늘어놓으며 보호하려고 하는 이가 과연 누구인지 들여다볼까요?

파울: 네.

파울과 파울 내면의 비판자 사이에는 화기애애한 분위기가 더해
졌고 그들의 관계는 더욱 개선되었다. 이 과정에서 유의해야 할 점
은 다음과 같다.

- 어른자아는 내면의 비판자가 어떤 행동을 왜 하는지를 이해한다.
- 어른자아는 내면의 비판자가 품은 선의에 대해 그의 노력을 칭찬하기
  시작한다.

이것을 할 수 있다면 이제 우리는 남아 있는 상처받은 내면 아이
를 만나볼 수 있게 된다.

14장

상처받은 내면 아이와 대면하기

파울의 사례에서 내부의 닦달하는 자는 "빨리 일어나, 이 게으름뱅이야."라고 하고, 이에 대해서 반발하는 이는 "알게 뭐야!"라며 서로 양 극단에 서서 말한다. 한 가지 확실한 것은 양측 모두 어떤 문제의 **원인이 아니라 해결책**이라는 것이다.

그들 이면에는 상처받은 어린 파울이 숨어 있을 것이다. 양 극단에 있는 그들 모두는 각자가 그들만의 방식으로, 즉 하나는 닦달하고 다른 하나는 반항하는 방식으로 그를 보호하려고 한 것이다. 그러나 결국은 양측이 모두 같은 결과를 지향하고 있다. 파울은 자신을 또다시 자책해서는 안 되며 그가 성공적으로 해내지 못할 일에 내해서 기대하면 안 되는 것이다. 망신당하는 일을 피하려면 어떤 일을 완벽하게 해내거나(내부의 닦달하는 자 또는 완벽주의자) 성실성과 관계된 모든 일을 무조건 거부하고 앞으로 다시는 시작하지 않는 것이다(반발하는 자와 거부하는 자). 그리고 파울의 경우에는 아주 커다랗고 아물지 않은, 망신에 대한 상처가 있는 것 같다. 파울의 내면에 사는 아이자아는 아주 심하게 부끄러운 경험을 한 적이 있어서 이것이 어른 파울에게 다시 일어나서는 안 되는 것이다.

이제 우리는 우리 안의 상처받은 내면 아이를 어떻게 대해야 할 것인가?

그 아이가 잘 지내고 과거의 상처가 아물어야지만, 내면의 비판자들과 보호인단도 그 이상의 개입을 그만두고 자신들이 소임을 다했다고 여기며 제자리로 되돌아가서 조용히 휴식을 취하게 될 것이다.

이제 당신이 구체적으로 해야 할 일은 무엇인가?

당신 내부의 어른자아는 지금까지 살아오면서 상처받은 부분자아들이 이제 더는 자극받지 않도록 더욱 노력해야 한다. 한편으로 당신은 당신 약점을 좀 더 너그럽게 받아들이고 자신을 너무 혹사하거나 함부로 대하지 않는 법을 배워야 한다. 말하자면 자신의 약점조차도 잘 받아들이고 자신을 더욱 수용하며 **스스로 성숙**해지도록 노력하는 것이다. 이것이 당신이 해야 할 일이다. 또한 당신의 상처받은 아이, 곧 영혼에 새겨진 상처의 원인을 치유하고 현재와 화해해야 한다. 어떻게 하면 우리 안의 상처받은 자아와 화해할 수 있을까?

우선 눈을 감고 자신의 내면 아이를 눈앞에 그려본다. 그 아이는 어른(부모, 교사, 목사 등)들한테서 비난받고 있다. 우리는 현재의 어른자아로서 타임머신을 타고 과거로 돌아가서 그 상처받은 아이의 손을 잡고 그 상황에서 빼내어 현재의 시점으로 데려온다.

마지막으로, 나는 당신의 어른자아가 상처받은 내면 아이와 동일시하는 것을 멈추고 슬픈 과거의 장면을 새롭고 희망찬 장면으로 바꾸는 것을 도우려고 한다. 이와 관련해서는 다양한 선택지가 존재한다. 예컨대 앞에서 설명한 대로 어른자아는 아이자아를 그 상황에서 빼내어 안전한 곳으로 옮겨놓을 수가 있다. 어른자아는 아이를 학대하는 어른들에게 맞서서 그들의 행동을 멈추게 하거나, 그 아이를 다른 내부 보호인에게 인계하여 아이가 도움을 받도록 할 수도 있다. 내면 아이를 보호하는 것과 관련해서 여러 가지 장면을 상상할 수 있을 것이다.

다시 한 번 파울의 사례를 들여다보면서 이것이 정확히 어떤 방식으로 작동하는지를 알아보자. 이런 방식을 통해 당신 안의 상처받은 내면 아이도 덩달아 용기를 얻게 된다면 더할 나위 없이 기쁠 것이다.

요헨: 파울 씨, 제가 보기에는 닦달하는 자와 "알게 뭐야!"라고 하는 이가 모두 각자 자기만의 방식으로 당신을 어떤 쓰라린 경험으로부터 보호하려고 하는 것 같군요.

파울: 네, 그래요. 저도 지금은 그렇게 느끼고 있습니다. 저는 제가 아무

짝에도 쓸모없는 인간이 될까 봐, 그리고 누군가가 저한테 "우리는 네가 필요하지 않아, 넌 쓸모없는 존재야."라고 말할까 봐 두려워했어요.

요헨: 그래요. 내면의 닦달하는 자에게 한번 물어보세요. 당신이 쓸모없는 존재라고 비난받았던 과거의 어떤 경험으로부터 당신을 보호하고 있는 게 아닌가 하고요.

파울: 내면의 비판자는 "맞아."라고 대답하네요. "알게 뭐야!"라고 하는 이도 무어라고 중얼거리고 있는데, 아마도 그 말이 옳다고 하는 것 같아요. 제 내면의 상처받은 부분을 보호하는 것이 그들의 임무였다고요.

요헨: 네, 좋습니다. 양측에게 우리가 상처받은 내면 아이와 대화해도 괜찮은지 한번 물어봐주세요.

(이때 주의할 점은 꼭 허락을 구해야 한다는 것이다.)

파울: 네, 다 좋다고 하네요.

요헨: 네, 좋습니다. 다행이네요. 파울 씨. 당신이 거부당하거나 비난받거나 또는 고립되는 등의 감정을 다시 한 번 느낄 때에 눈앞에 떠오르는 장면이 있나요?

파울: 네. 처음에는 희미했지만 이제는 점점 더 뚜렷해지네요. 대략 열 살에서 열한 살 사이의 소년이 보여요. 이 소년은 아주 큰 상처를 받아서 울고 있는데 아주 불행해 보여요.

요헨: 그 소년에게 무슨 일이 있었던 거죠? 지금은 어른이 된 파울이 열한 살이었을 때는 무슨 일이 있었나요?

파울: 어린 파울은 방금 아빠가 집을 떠나려고 하고 부모님이 이혼할 거라는 얘기를 들었어요.

요헨: 파울은 어떤 기분인가요?

파울: 그는 몹시 슬퍼하고 있어요. 그는 모든 것이 다 자기 탓이라고 생각하고 있어요. 자기가 운동을 잘하지 못해서 아빠가 실망한 나머지 그렇게 말한 것이라고 생각해요. 아빠는 여자 축구단 감독인데, 아들은 아무리 노력해도 유소년 축구단에 들어가지 못했어요. 아빠는 아들에게 "너는 정말 형편없어. 나는 패배자 같은 아들을 도저히 못 봐주겠어."라고 말해요.

요헨: 파울 씨, 만약 당신이 이 말을 다시 한 번 더 듣게 되고 어린 파울이 얼마나 실망하고 두려움에 떠는지 알게 된다면 이 내면의 아이에 대해 어떤 기분이 들까요?

파울: 나는 아이에게 다가가서 그 아이를 팔로 감싸 안아주고 싶어요. 그리고 그 아이의 아빠에게는 당신이 너무 심했다, 아이를 그렇게 대하면 안 된다고 말해주고 싶어요. 나는 어린 파울과 아버지 사이에 서 있겠어요.

요헨: 네, 그렇게 하세요. 그리고 어린 파울에게 다가가서 부모님이 이혼하는 것은 그의 탓이 아니라고 말해주세요. 그건 부모님의 일이니까요.

파울: 어린 파울이 이제 안정을 찾기 시작한 것 같아요.

요헨: 아빠한테 그렇게 혼이 난 것은 그의 탓이 아니라고 어린 파울에게 말해주세요. 그는 축구를 언제나 열심히 했고 온 정성을 쏟았고 잘하려고 안간힘을 기울였지만 그해에는 결과가 좋지 못했어요. 그 대신에 그는 테니스도 즐겼고 좋은 성과를 거두어 친구들에게 인기가 높았어요. 그가 당연히 받아야 할 칭찬을 많이 해주세요. 그리고 그를 인정해주세요. 또 현재 당신의 삶과 당신이 그동안 이룩한 것들을 말해주세요. 당신은 어린 파울의 미래 모습이고 과거로 돌아와서 열한 살의 파울에게 다음과 같이 말해주려고 왔다고 하세요. "앞으로 모든 것이 다 잘될 거야. 나는 네가 참 좋아." 그렇게 말이에요.

파울: 어린 파울이 긴장을 풀기 시작했어요. 저는 앞으로 언제나 그를 지켜줄 거예요.

요헨: 네, 좋습니다. 그러면 그 어린 파울을 당신과 내가 함께 있는 이 공간으로 초대해주세요.

이와 같은 방법으로 당신은 이제 당신 내면의 상처받은 아이를 위해 직접 나서서 그 아이가 결국 안전한 곳으로 갈 수 있도록 할 수 있다. 과거의 무기력했던 상황을 다양한 해결책이 존재하는 현재의 상황과 연계함으로써, 과거에 어린 시절에 경험했던 것을 현재 어른의 처지에서 해결하도록 노력해보라. 당신은 이제 어린아이가 아니다. 이제 당신은 당신에게 호의적이지 않은 어른에게 의존하는 존재가 아니다. 상처받은 내면 아이는 당신의 가슴속에 안온하게 자리 잡고 그 당시에 얼마나 힘들었는지 인정받고 공감을 얻을 자격이 있다. 이제 당신은 어른이 되었고 당면의 문제들을 주도적으로, 그리고 창의적으로 풀 수 있는 위치에 있다.

맺는 말

나는 당신이 이 책을 끝까지 다 읽었기를 바란다. 그리고 당신이 자기 자신과 주변 사람들에 대해서 새로운 사실을 배웠기를 바란다. 당신이 내면에 존재하는—모든 일을 망치는 자, 완벽주의자, 자부심을 느끼는 자—이러한 내면의 비판자들을 지금까지와는 다른 방식으로 대면할 수 있게 되었다면 나는 매우 기쁠 것이다. 나는 당신이 직관과 건전한 자아비판 능력을 유지하면서, 당신의 영원한 비판자들이 또다시 무조건 비난하고 당신에게 상처를 주려고 할 때, 그들의 눈을 정면으로 응시하며 "그래요, 당신 말이 다 맞아요. 당신이 선의로 그렇게 말하는 것도 알고 있어요. 하지만 이제 제 문제는 저 스스로 해결할 수 있다는 것을 배웠어요."라고 말하기를 바란다. 이러한 내면의 비판자들이 꼭 당신의 친구가 될 필요는 없지만 적어도 매일의 생존경쟁에서 살아남기 위해서 진지한 대화를 나누는 상대 또는 참모 정도로 생각할 수 있지는 않을까?

언젠가 월트 디즈니Walt Disney는 자신이 새로운 프로젝트를 시작할 때마다, 꿈을 꾸는 사람과 꿈을 실현시키는 사람 그리고 이를 비판하는 사람이 언제나 함께 작업했다고 말했다. 우리 삶도 이와 같다.

부록

심리적 안식처

설문지: 당신 내면의 비판자들

내 안의 비판자들이 하는 말

심리적 안식처

다음은 내면의 평정을 되찾을 수 있도록 늘 내게 힘을 주고 내 상처받은 아이자아를 위로하는 데에 도움을 준 훈련이다. 먼저 당신이 안정감과 편안함을 느끼는 조용한 장소를 골라 자리를 잡고 나서 다음의 글을 마치 다정한 어머니 또는 아버지가 읽어준다고 생각하고 차분히 읽어보기 바란다.

만약 지금 네가 내면의 평정을 찾고 싶다면 너의 내면에는 네가 아주 편안함을 느끼고 철저하게 안전을 보장받는 그런 공간이 있다고 상상해보는 것이 아주 큰 도움이 될 거야. 나는 이런 장소를 내부의 **안식처**라고 불러. 이 장소는 지구 상의 어느 한 장소일 테지만 꼭 그렇지 않더라도 상관없어. 그곳은 네가 상상하는 곳이라면 어디든지 다 좋아. 아주 먼 행성일 수도 있고 바다 깊은 곳일 수도 있고 바로 네 주변일 수도 있어. 그곳은 네가 한번 가본 적이 있는 곳일 수도 있고 상상의 공간일 수도 있어. 나는 네가 상상한 그 장소로 너를 초대하려고 해. 이때 중요한 것은 긴장을 푸는 일이야. 너는 앉아도 되고 서도 되고 누워도 좋아. 원한다면 돌아다녀도 괜찮아.

이 장소가 어떤 모습인지 내부의 눈으로 바라봐. 중요한 것은 이곳이 네가 진정으로 안정감을 느끼는 장소여야 한다는 거야. 천천히 시간을 두고 모든 환경이 네 마음에 들 때까지 모든 세부적인 것을 하나씩 다 바꿔봐. 네 상상력은 끝이 없는 일종의 마법과도 같아. 너는 모든 것을 네가 원하는 대로 정할 수 있어.

오감에 집중해봐. 네가 듣고 냄새 맡고 맛보고 하는 것들이 다 네 마음에 드는지 잘 살펴봐. 이번에도 천천히 시간을 들여 네가 듣고 싶은 소리, 맡고 싶은 냄새, 맛보고 싶은 맛 등 네가 원하는 모든 것을 상상해봐. 기온은 쾌적하고 공간의 밝기는 적당하니? 네가 원하는 것이 아니라고? 그렇다면 이것저것 네 마음에 들게 바꾸어도 돼.

원한다면 이 공간에 들어올 수 있는 사람들을 제한해도 돼. 그러면 너는 누가 이 공간에 들어올 수 있는지 결정권을 갖게 돼. 너는 이 장소를 더욱 안전한 곳으로 만들려고 무슨 상상이든 해도 좋아. 이곳은 경계가 없어도 좋은 곳이야. 그러니까 너는 이 공간을 제한적인 공간으로 만들지, 아니면 개방적인 공간으로 만들지 네 마음대로 정할 수 있어.

너의 안식처가 정말 모든 조건을 다 갖추었는지 다시 한 번 확인해봐. 그리고 그곳으로 들어가 봐. 기분이 얼마나 좋은지, 그리고 얼마나 안심이 되는지 느껴봐.

그 안식처가 얼마나 너에게 편안한 기분을 주는지 다시 한 번 잘 느껴보고 나서 다시 지금 이 순간으로 되돌아오렴.

설문지
당신 내면의 비판자들

다음 질문들을 읽고 1부터 7 중에서 자신에게 해당하는 점수를 적으시오.

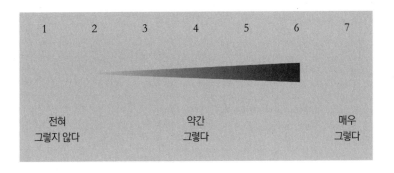

1. 나는 내가 사랑받을 만한 자격이 있다고 생각한다. (점)

2. 나는 나에게 엄격한 기준을 정해 놓는다. (점)

3. 나는 자신을 통제하지 못하게 되면 비참한 기분이 든다. (점)

4. 나는 내가 세운 목표를 달성하고자 무리해서 일한다. (점)

5. 나는 실패를 쉽게 인정하지 못한다. (점)

6. 나는 내가 어떻게 행동해야 하는지 정확히 알고 있으며 만약 그
   렇지 못할 때에는 몹시 화가 난다. (점)

7. 나는 어떤 실수를 하게 되면 자신을 몹시 책망한다. (점)

8. 나는 다른 사람들 앞에서 내 약점을 내보이지 않는다. (점)

9. 나는 해야 할 일들의 목록이 끝이 없다. (점)

10. 나는 다른 사람들과 끊임없이 비교한다. (점)

11. 나는 감정을 표현하는 것이 어렵다. (점)

12. 나는 어린 시절에 배운 대로 행동하지 않으면 불편한 기분이 든다. (점)

13. 나는 평소에 걷는 속도가 빠른 편이다. (점)

14. 나는 가끔 다른 사람들에게 어떤 일을 하고 나서 심한 죄책감을 느낀다. (점)

15. 나는 내가 원하는 대로 일이 진행되지 않으면 불안하고 자기 비판적이게 된다. (점)

16. 나는 외강내유형 인간이다. (점)

17. 나는 어떤 욕망이 생기면 이를 즉시 채우려고 한다. (점)

18. 나는 다른 사람들의 기대에 부응하지 못하면 부끄러움을 느끼게 된다. (점)

19. 나는 가끔 내가 몹시도 더러우며 죄로 가득 차 있다는 느낌이 든다. (점)

20. 나는 일을 잘하고자 가능한 한 오랜 시간을 투자한다. (점)

21. 나는 일의 결과가 나쁘면 당혹감을 느낀다. (점)

22. 나는 내 문제를 스스로 해결한다. (점)

23. 나는 다른 사람들의 기분을 좋게 만들어줘야 한다고 생각한다. (점)

24. 나는 어리석은 실수를 용납하지 못한다. (점)

25. 나는 내가 매력적이지 않다고 생각한다. (점)

26. 나는 불평하는 사람들을 보면 신경질이 난다. (점)

27. 나는 다른 사람들로부터 상처받지 않고자 그들을 차갑게 대할 때가 있다. (점)

28. 나는 사랑받고 행복해질 자격이 없다. (점)

29. 나는 내 가족이나 지인들의 기대에 부응하지 못해 기분이 나쁘다. (점)

30. 나는 너무 어리석어서 쉬운 문제도 잘 풀지 못한다. (점)

31. 나는 어떤 일을 할 때 완벽하게 처리한다. (점)

32. 나는 너무 게을러서 죄책감을 느낀다. (점)

33. 나는 다른 사람들한테 이해와 관심과 인정을 받는 것이 어색하다. (점)

34. 나는 평소에 필요 이상으로 말을 많이 한다. (점)

35. 나는 일을 확실히 처리하지 않는 사람들을 싫어한다. (점)

36. 나는 나의 충동을 억제하기가 매우 어렵다. (점)

37. 나는 내가 완전히 변해야 한다고 생각한다. (점)

38. 나는 전화통화를 하면서 다른 일을 하는 경우가 잦다. (점)

39. 나는 다른 사람들에게 많이 인정받으려고 한다. (점)

40. 나는 어떤 의견을 말할 때 반드시 근거를 제시한다. (점)

41. 나는 가끔 내가 이 세상에서 없어지기를 바란다. (점)

42. 나는 다른 사람들이 나에게 무엇을 기대하는지 알아내려고 한다. (점)

43. 나는 다른 사람들과 토론할 때 답답한 나머지, 상대의 말을 끊는 경우가 있다. (점)

44. 나는 마음의 상처를 쉽게 받지 않는다. (점)

45. 나는 내가 한 일이 잘한 것인지를 다른 사람들에게 물어본다. (점)

46. 내 내면에서 나오는 목소리는 나의 약점을 지적하고 내가 무엇을 해야 하는지를 알려준다. (점)

47. 나는 글을 발표하기 전에 몇 번이고 다시 검토한다. (점)

48. 나는 주어진 일은 되도록 빨리 해치운다. (점)

49. 나는 아무리 노력해도 실패할 것이다. (점)

50. 나는 그동안 했던 많은 일들을 더 잘했어야만 했다. (점)

51. 나는 다른 사람들의 의견을 듣고 나서 내가 원하는 것을 정한다.
   (점)

52. 나는 내 안에서 나를 조정하고 나를 곤란하게 하는 목소리를 따라서 행동하고 그 결과 자책한다. (점)

53. 나는 다른 사람들이 나의 질문에 빠르게 대답하는 것을 좋아한다. (점)

54. 나는 사소한 일로 고민한다. (점)

55. 나는 다른 사람들이 나에게 기대하는 것을 모두 채워주려고 한다. (점)

56. 나는 "계속해서 일해."라는 말을 자주 한다. (점)

57. 나는 내 문제를 혼자서 해결한다. (점)

58. 나는 다른 사람과 대화할 때 고개를 자주 끄덕인다. (점)

59. 나는 나의 한계를 넘어서고자 많은 노력을 기울인다. (점)

60. 나는 어떤 일에 대해 설명을 할 때 첫째, 둘째, 셋째……, 이런
    식으로 말한다. (점)

61. 나는 완곡하게 말하는 것을 좋아한다. (점)

62. 나는 내 태도에 대해서 스스로 부끄러움을 느낀다. (점)

63. 나는 테이블을 손가락으로 불안하게 두드리는 경우가 흔히 있
    다. (점)

64. 나는 사교적이다. (점)

65. 나는 굳은 표정을 자주 짓는다. (점)

66. 나는 이를 앙다무는 경우가 많다. (점)

67. 나는 신경질적이다. (점)

68. 나는 "정확해.", "바로 그거야.", "확실해.", "논리적이야."라는 단
어를 좋아한다. (점)

69. 나는 속으로 "너는 이래야 해."라고 생각하는 경우가 자주 있다.
(점)

70. 나는 다른 사람들을 잘 비난하지 않는다. (점)

평가

내면의 비판자와 관련된 문항을 분류하고(3, 8, 11번 등의 문항) 자신
에게 해당하는 숫자를 다음 표의 '결과'란에 기입하시오. 숫자를 모
두 더한 뒤 표의 상단에 기입하시오.

통제자("네 자신을 좀 더 잘 통제해.") 　　　　　　　　　　합계:

질문	3	8	11	16	22	24	27
결과							
질문	36	44	49	52	57	62	66
결과							

완벽주의자("항상 완벽해야 해.") 　　　　　　　　　　합계:

질문	2	7	15	20	31	35	40
결과							
질문	47	50	54	60	65	68	70
결과							

닦달하는 자("좀 더 빨리 해.") 　　　　　　　　　　합계:

질문	4	9	13	17	26	32	38
결과							
질문	43	48	53	56	59	63	67
결과							

남의 눈치를 보는 자("다른 사람들을 잘 살펴봐.")　　　　　　　　합계:

질문	6	12	18	23	29	32	39
결과							
질문	42	45	51	55	58	61	64
결과							

심판자("너는 쓸모없는 존재야.")　　　　　　　　　　　　합계:

질문	1	5	10	14	19	21	25
결과							
질문	28	30	33	37	41	46	69
결과							

각 내면의 비판자의 합계 점수를 다음의 표에 적어 넣고 나서 당신 내면의 비판자 중에서 어느 유형이 강한지 살펴보라. 내면의 비판자가 받을 수 있는 점수는 최소 14점, 최대 98점이다.

내면의 비판자	합계
완벽주의자	
닦달하는 자	
통제자	
남의 눈치를 보는 자	
심판자	

내면의 비판자들이 하는 말

내면의 통제자가 하는 말 :

....

....

....

내면의 완벽주의자가 하는 말 :

....

....

....

내면의 닦달하는 자가 하는 말 :

....

....

....

내 안에서 남의 눈치를 보는 자가 하는 말 :

....

....

....

내면의 심판자가 하는 말 :

....

....

....

다음은 이 책을 쓰는데 영감과 함께 도움을 준 참고문헌의 목록
이다.

Boon, S., Steele, K., & van der Hart, O. (2013), *Traumabedingte Dissoziation
bewältigen: Ein Skills-Training für Klienten und ihre Therapeuten*, Paderborn:
Junfermann.

Brown, B. (2001), *Befreiung vom inneren Richter. Die Intelligenz der Seele erkennen*,
Bielefeld: J. Kamphausen.

Diesbrock, T. (2013), *Hermann! Vom klugen Umgang mit dem inneren Kritiker*,
Freiburg: Herder

Earley, J., & Weiss, B. (2010), *Self-Therapy for Your Inner Critic: Transforming
Self-Criticism into Self-Confidence*, Lark spur, CA: Pattern System Books.

Peichl, J. (2013), *Innere Kritiker, Verfolger und Zerstörer: Ein Praxishandbuch für
die Arbeit mit Täterintrojekten*, Stuttgart: Klett-Cotta.

Schmidt, G. (2004), *Liebesaffären zwischen Problem und Lösung: Hypnosyste-
misches Arbeiten in schwierigen Kontexten*, Heidelberg: Carl-Auer.

Original title: Rote Karte für den Kritiker
            by Jochen Peich

Copyright ⓒ 2014 by Kösel Verlag
a division of Verlagsgruppe Random House GmbH München, Germany

Korean Translation Copyright ⓒ 2017 by Interhouse Publishing Co.
Korean edition is published by arrangement with Verlagsgruppe Random House GmbH,
München through BC Agency, Seoul

나를 외면하는 내면의 속삭임

초판 인쇄: 1판 1쇄 2017년 11월 23일
초판 발행: 1판 1쇄 2017년 11월 27일

지 은 이 요헨 파이힐(Jochen Peichl)
옮 긴 이 신유진
펴 낸 이 조성길
펴 낸 곳 인터하우스

출판등록 제 2014-000135호

주   소 서울시 마포구 잔다리로 35 서운빌딩 403호
전   화 02-6015-0308
팩   스 02-3141-0308
이 메 일 inter_house@daum.net

I S B N 979-11-954353-5-7 03180

* 이 책의 한국어판 저작권은 BC에이전시를 통한 저작권사와의 독점 계약으로
  '인터하우스'에 있습니다.
  저작권법에 의해 보호를 받는 저작물이므로 무단 전제와 복제를 금합니다.

한국출판문화산업진흥원의 출판콘텐츠 창작자금을 지원받아 제작되었습니다.